JN437008

거꾸로 자라는 양배추

거꾸로 자라는 양배추

이효순 수필집

수필과비평사

책머리에

여름 뜰에서

나의 작은 뜰에
주황색 각시원추리와
분홍색 플록스가 피었습니다

어느덧 삶의 둥지를 떠나
그들과
세 번째의 눈 맞춤을 합니다

여름 바람이 단풍 잎새를 흔들고
여름 뜰의 숲에 매달린 초롱꽃이
싱그러운 웃음을 보낼 때

마음의 조각들을
그들에게 나누며
아직 남은 제 꿈을 펼칩니다

2016년 여름 이효순

■ 차례

2부

외할머니의 자배기

3부

거꾸로 자라는 양배추

4부

어머니의 가을

5부

둥지를 떠나며

1부

목련화

네 잎 클로버

작은방을 정리하다 중학교 때 일기장이 눈에 띄었다.

저녁식사를 마치고 쉬면서 일기장을 펼쳤다. 내가 다니던 중학교 전경이 있는 낡은 공책이었다. 펜으로 쓴 글씨가 왠지 균형이 덜 잡혀 어설프다. 그때는 볼펜도 없어 펜에 잉크를 찍어 글씨를 쓰던 때였으니 그럴 수밖에 별도리가 없었다. 벌써 반세기 전이니까.

몇 장을 읽으니 넘길 때마다 옛 시절이 새롭게 투영되었다. 동생이 독사에게 물려 여행비를 내고 여행 가지 않은 것, 십 리가 넘는 시골길을 걸어 귀가하다 여름 소나기를 만난 일, 시골길을 걸으며 단어장을 들고 영어 단어 외우던 일들이 빠짐없이 기록되어 있었다. 몇 장을 더 넘겨보니 누렇게 빛바랜 일기장 속에 네 잎 클로버 두 장이 끼워져 있었다. 아마 중학교 정원인 '희망원' 동산에서 찾은 것 같았다. 50년이 거의 되었으니 클로버도 색깔이 칙칙하게 변해 있었다.

네 잎 클로버는 행운을 가져다준다는 이야기가 있다. 누구나 유년 시절에 토끼풀이 있는 곳이면 한 번쯤 눈을 그곳으로 돌려 찾은 기억이 있을 것이다.

길을 가다 길옆에 클로버 무리가 보이면 허리를 굽혀 찾아보기도 했었다. 그 풀을 찾아 무엇 하러 그렇게 했던지….

지난번에는 아침 산책을 하다 예술의 전당을 지나는 길에 고개를 숙이고 풀밭에서 무엇을 찾는 사람이 있었다.

가까이 가 보니 이웃에 사는 여학교 선배였다. 나무 심은 그곳에는 클로버가 한 곳에 자리 잡아 자라고 있었다. 선배는 벌써 몇 장을 찾아 손에 들고 있었다. 나도 그 옆에 얼른 쪼그리고 앉아 클로버가 있는 그곳으로 눈길을 옮겼다. 한참 고개를 숙이고 세 장을 찾아 집으로 돌아와 책 속에 넣어 꽃 누름을 했다.

클로버는 보통 잎사귀가 석 장인 것이 정상이다. 가끔 넉 장, 다섯 장도 있긴 한데 기형인 셈이다. 그런데 그 기형인 네 잎 클로버가 유난히 사람들에게 많은 사랑을 받고 있다. 오랜 세월이 흘렀지만, 아직도 전설처럼 세대를 이어가고 있다.

네 잎 클로버의 유래는 나폴레옹과 관계가 깊다.

나폴레옹이 전쟁 중에 풀밭에서 네 잎 클로버를 발견하고 그것을 따려 허리를 굽힌 순간 총알이 자신의 머리 위쪽으로 지나가 목숨을 건져 행운의 상징으로 여기게 되었다고 한다. 그래서 그것을 지니면 행운이 온다는 속설이 전해지고 있다. 학창시절 점심시간에는 클로버 풀밭을 헤매며 열심히 찾았다. 한참을 들여다보다 먼저 찾은 사람이 있으면 그곳으로 우르르 몰려가 한번 보고 신기하여 어쩔 줄 모르던 일도 어렴풋이 생각난다.

우리 주변에 많이 있는 세 잎 클로버의 꽃말은 '행복'이다. 그 행복을 마구 밟으며 행운을 찾기 위해 많은 안간힘을 다한다. 행복이 차곡차곡 쌓이다 보면 행운도 함께 올 수 있는 것을 알면서 행운만 찾으려 애를 쓴다. 우리 인생의 단면을 보는 것 같다.

네 잎 클로버 첫 번째 잎사귀 '희망', 두 번째 '사랑', 세 번째 '행복', 네 번째 '행운'이다.

클로버에는 그 꽃잎처럼 푸르렀던 소녀 시절의 꿈이 담겨 있다. 학창시절 마음으로 다짐했던 어설픈 사연들이 오랜 시간이 지난 지금 펼쳐보니 소박했던 모습 그대로가 있어 감회가 깊다. 그 시절의 다짐이 클로버의 행운으로 인해 지금처럼 펼쳐졌을까.

어린 시절의 자연은 내 놀이터였고 배움터였다. 때묻지 않았던 네 잎 클로버의 꽃말처럼 현재의 삶을 감사하게 사는 것이 행운이 아닐까 생각한다.

가을 산에서

물감을 푼 것처럼 고왔던 하늘도 11월에 접어들며 회색빛이다. 모처럼 가을 산을 찾아 그 속에서 나도 가을의 일부분이 되었다. 맑은 공기와 오색 단풍이 눈길 닿는 곳마다 색동처럼 고운 모습으로 바뀌었다.

이따금씩 부는 바람에 갈참나무 잎이 우수수 떨어진다. 이제 겨울 준비를 서서히 하고 있는 듯하다.

유난히 덥던 여름도, 화려한 가을도 계절의 흐름에는 아무 말이 없이 변하는 자연에 순응하며 남은 생을 준비하고 있는 것이다. 조용한 산속, 나뭇잎이 서로 속삭이는 소리와 아직 겨울잠에 들지 못한 풀벌레의 울음이 가끔 산속의 정적을 깬다. 여기저기 눈에 띄는 단풍의 고운 빛깔이 마지막 가는 길을 화려하게 장식하려 안간힘을 쓰고 있다.

마른 억새의 쓸쓸한 모습에 나는 가을 나그네가 되어 그의 친구가 된다. 아무것도 걸치지 않은 채 산속의 세월을 온몸에 느끼며 단풍 속에 메마른 모습으로 우뚝 서 있다. 이따금씩 가을바람에 사가사각 속삭이며 마른 몸을 비벼 보지만 쓸쓸한 소리만 가을 나그네의 마음을 흔든다. 연갈색 억새꽃에 얼굴을 대어 본다. 보드랍다. 어머니의 포근한 품 안처럼 그렇게 따뜻하다. 가을에만 느낄 수 있는 정겨운 모습이다. 마른 억새의 몸은 쓸쓸하지만 억새꽃은 어머니를 닮은 정겨운 매력이 있어 자꾸만 가까이 대어본다.

하늘이 보이는 산마루에 앉아본다. 산 빛의 빛깔이 모두 다르다. 산 허리 부분은 화려한 색으로 정상 부분은 빛바랜 단풍으로, 그 가운데 소나무는 싱싱한 초록의 모습을 자랑하고 있다. 바람이 불 때마다 나뭇잎이 우수수 떨어진다. 단풍나무는 아직 고운 옷, 자신의 생에 가장 아름다운 옷으로 갈아입는다. 가는 길을 초라하게 만들지 않기 위해 고운 모습으로 최선을 다하여 한 해의 생을 마감한다. 사람들처럼 미련을 두지 않고 아주 빈틈없이 가는 길을 준비한다. 가을이 더 깊어지면 산속의 어느 곳엔가 머물러 생을 마감하고 그 나무의 밑거름이 되어 정직한 자연으로 아름답게 돌아간다.

우리 인생은 어떤가. 자연에 비하면 부족함이 많다. 자연처럼 욕심도 없고 미련도 없이 살지 않는다. 남보다 하나를 더 갖기 원하고 내어주지 않으려 많은 시간을 허비하고 산다. 그도 부족하면 다른 사람의 것이라도 내 것으로 만드는 일을 서슴없이 하기도 한다. 그리고 자연을 훼손해가며 삶의 영역을 넓히려 많은 애를 쓰기도 한다. 모두 부질없는 일인 것을.

하산하는 길에 산 초입의 감나무를 바라본다. 고목처럼 생긴 것이 꼭 죽은 나무 같았다. 그러나 잎사귀 하나 없는 가지에 까치밥이 두 개 매달려 있다. 나비 두 마리와 새 한 마리가 까치밥을 각각 먹는 모습이 자연스럽다. 지혜로웠던 우리 조상의 슬기가 가을빛처럼 아름다운 순간이었다.

가을 산은 묵묵히 세월을 안으며 말없이 버티고 있다. 여유 있는 모습으로 자신을 철저하게 연출하며 요란하지도 않으며 성급하지 않게 삶을 영위해 가고 있다. 조급하고 여유 없이 사는 내 삶에 비하면 훨씬 더 높은 차원의 삶을 살고 있다. 만물의 영장이라고 하는 인간 자신이 어찌 보면 자연에게 부끄러운 존재임을 보여준다. 자연과 가까이할수록 그들에게서 풍기는 고귀함은 누가 무어라 말해도 사람들의 인도자임에 틀림없는 것이다.

모처럼 찾은 가을 산에서 삶을 배우고 아름다운 신의 오묘한 섭리 속에 나를 비추어 본다. 나도 고운 단풍처럼 그렇게 생의 마지막 가는 길을 닮아 보고 싶다.

겨울 숲

산책길의 겨울 숲에 눈이 내렸다. 나무와 길이 온통 하얀 빛으로 바뀌었다. 고개를 들고 가지만 드러난 겨울나무 사이로 12월의 하늘을 본다. 소나무와 조릿대가 눈과 함께 아침햇살에 눈부시다. 주변은 온통 흰색인데 초록빛은 움 트는 새순처럼 마음에 솟는 맑은 샘물 같다.

어느새 다 써버린 지난날들이 오솔길의 낙엽으로 수북하다. 사람들에게 짓밟혀도 아무 말이 없다. 눈길 닿는 단풍나무 가지에 홀씨가 빼곡하게 붙어있다. 화려한 잎새들은 홀씨만 남긴 채 제 갈 길로 가버렸다. 서글픈 헤어짐과 함께 남겨진 홀씨는 겨울바람에 파르르 떨며 지난날을 그리워한다. 고운 빛으로 입었던 옷들을 모두 벗어버리고 가야 할 길을 찾아 홀로서기를 해야 할 때가 되었다. 그러나 슬프지 않다. 홀씨는 언젠가 땅에 떨어져 새싹으로 자랄 수 있기에.

숲은 나뭇잎으로 가득해 봄부터 가을까지 하늘이 잘 보이지 않았다. 잎이 진 그곳은 퇴색된 낙엽과 진한 갈색의 나무 둥지만 드러난다. 마치 세월을 더해가는 우리네 인생들처럼 겨울 숲은 그렇게 내 눈 안으로 들어온다. 그렇지만 그곳을 찾아 난 그들과 정겨운 어울림을 갖는다. 매일 가는 곳이지만 자연이기에 싫증이 나지 않는다. 갈 때마다 시나브로 바뀌는 자연의 모습이 다정한 친구처럼 친해지고 정이 더해진다. 무채색의 겨울 숲과 사는 이야기를 마음으로 나눈다. 그렇게 보내는 시간들은 지루하지 않다. 말이 없는 숲과 어떻게 대화를 할까. 사람들은 참 궁금할 게다. 이상한 사람 아니냐, 생각하는 사람도 있겠지.

산책길의 빈 의자에 앉아 눈 내린 겨울 숲을 바라본다. 숲 속으로 하나둘 지난날들의 애잔한 기억들이 되살아난다. 겹겹이 포개져 쌓였던 낙엽이 바람에 이는 것처럼.

오래전 여학교 시절 지금처럼 해저무는 12월 겨울이었다. 졸업을 두어 달 앞두고 사회에 발걸음을 내딛기 전 눈보라를 바라보며 앞으로 내 인생을 생각하고 있었다. 바람과 함께 내리는 눈은 아직 갈 길이 정해지지 않은 막막한 내 모습과도 같다고 생각됐다. 진학의 꿈도 가정 사정으로 접었고, 또 취업이 되어 갈 곳이 정해져 있는 것은 더욱 아니었다. 이런 생각을 하며 창가에 서 있으니 나도 모르게 두 볼에 눈물이 흘렀다. 시험장으로 떠난 옆 반 아이들을 부럽게 바라보기도 했다. 마음속으론 주어진 여건을 많이 원망도 했다. 앞으로 나는 무슨 일을 하며 어떻게 살아가야 할까. 막막했다. 그렇게 생각하는 긴 시간 동안 눈보라는 연신 창밖으로 향한 내 눈 안으로 가득 들어왔다.

그 후 몇 십 년의 세월이 흘렀다. 그때 흐르던 서글픈 눈물은 세월이 지남에 따라 차츰 가셔지고 새로운 삶의 길이 나를 인도했다. 사람의 인생길은 그 어느 누구도 말할 수 없다. 주어진 길이 어떻게 연출될지는 자신도 모른다. 마치 다 죽은 듯한 겨울 숲에 새봄이 오면 초록빛 어린 싹이 돋아나듯이.

숲을 보니 지난 시절이 그리움으로 다가온다. 기나긴 밤을 서글픔으로 채우며 부모를 원망하고 삶을 비관했던 철없던 시절이 왜 겨울 숲에서 살아날까.

푸시킨의 〈삶〉이란 시 한 구절이 생각난다.

"생활이 그대를 속이더라도 슬퍼하거나 노하지 말라(중략), 마음은 언제나 미래에 사는 것, 현재는 언제나 서러운 것, 모든 것은 일순간에 지난다, 그리고 지나간 것은 다시 그리워진다."

겨울 숲에는 숨겨진 미래가 있다. 그 미래가 어떻게 펼쳐질까. 현재가 너무 안 풀린다고 서러워하지 않겠다. 그 길이 어떻게 우리에게 다가올지 아무도 모르기 때문에. 겨울 숲의 우듬지에서 까치가 운다. 반가운 소식을 가져오려는지.

민들레의 웃음

봄이 한창이다. 초록빛 싱그러움 속에 핀 노란 꽃, 우리 주변에서 흔히 볼 수 있는 방긋 웃는 민들레다. 민들레는 이름이 우선 정답고 친근한 민중의 풀이다. 소박한 우리들의 꽃이라 할 수 있다. 집주변의 골목, 가로수 아래 보호대 안쪽. 보도 블럭의 틈새. 그리고 광장의 잔디밭, 벽이 막힌 담 밑, 심지어는 시멘트 벽 사이에서도 살고 있다. 이런 곳에서 그들은 노란 웃음을 보는 이들에게 가득가득 안겨준다. 아주 샛노란 밝은 웃음이다.

어린 시절 옆집 아주머니 댁 굴뚝이 있는 텃밭 옆에는 봄이면 쑥이 많이 있었다. 지금도 눈에 선한 것은 잡초와 쑥 사이에서 연한 꽃을 피우던 민들레다. 굴뚝 주변이라 햇살이 곱고 따듯해 그곳은 아이들도 자주 와서 민들레 꽃도 꺾고 나물도 뜯었다. 그 옆엔 노란 골담초도 있었던 것이 눈에 선하다. 꽃을 꺾으면 하얀 액체가 줄기에서 나와 손에 끈적거리는 진이 묻는다. 그것을 입에 대보면 아주 쓴맛에 눈을 찡그리며 놀던 기억이 아련하다.

민들레는 많은 사람들의 노래와 문학작품 등에 자주 등장하고 있다. 또한 약효가 좋다 하여 사람들의 손에 많이 훼손되기도 한다. 그만큼 민들레가 사람들과 친숙하다는 의미가 아닐까.

산책길에 갈 때마다 눈에 들어오는 작은 노란색꽃이다. 해가 나면 오므렸던 꽃송이를 활짝 펴서 사람들에게 방긋이 환한 웃음을 전해준다. 한결같은 것은 먼지 나는 길가, 호젓한 산책길, 사람이 많이 다니는 길옆 가장자리, 찻길의 먼지가 쌓이는 신작로 옆, 모두 사는 곳은 다르지만 같은 웃음으로 사람을 반기는 모습에 잠시 사색에 잠긴다.

이렇듯 민들레는 불평 한마디 없이 가장 어려운 조건에서도 강한 생명력으로 사람들의 발길에 밟히면서도 꽃을 피운다. 신기한 것은 햇살이 밝게 비칠 때 환하게 웃던 얼굴이 해가 지면 다시 오므려 잠을 잔다. 또한 비가 오거나 날씨가 흐리면 얼굴을 감추고 해를 기다린다.

민들레가 이렇게 해를 그리워하는 것은 민들레 꽃잎 뒤에 달린 물주머니 때문이라고 한다. 햇볕이 없을 때는 물 주머니에 물이 가득 차 있어 꽃잎을 밀어올리므로 꽃잎이 닫히고 햇볕을 쬐면 물주머니의 물이 증발해 꽃잎을 받치는 힘이 약해져서 꽃잎이 활짝 펴지게 된다고 한다. 참 신기한 꽃이며 기이한 자연현상이다.

또한 꽃이 지고 나면 솜사탕처럼 보드랍고 공처럼 둥근 꽃이 다시 핀다. 흰색의 갓털(씨방의 맨 끝에 솜털처럼 붙은 것)이다. 갓털은 스스로는 못 움직이고 바람이 불거나 사람의 스침에 따라 먼 여행을 떠난다. 더러는 어린 아기들이 그것을 꺾어 입으로 불어 날리기도 한다. 이렇게 날아간 갓털들은 다시 새 생명으로 변화되어 많은 민들레로 태어난다.

대문 옆 민들레를 꺾어 갓털을 볼에 대어본다. 실크처럼 보드랍다. 지난해 보도 블럭 사이에 있는 민들레를 뽑다가 싹이 잘라졌는데 얼마 지난 후엔 더 많은 싹이 수북이 올라왔다. 마치 자기를 자른 나를 향해 시위하는 것처럼. 집 근처 골목의 민들레는 우리 집에서 키우던 민들레의 갓털들이 날아가 보도블록 틈새에서 삶의 터를 마련했다. 어디서 날아들었는지 흰민들레도 보인다. 아마 어머니 산소 가는 길에 받아 온 씨앗이 날아가 발아된 것 같다.

민들레를 보며 많은 생각에 젖는다. 겨울에는 긴 뿌리를 땅에 내려 생명을 유지하고 또한 한 송이의 꽃에서 아주 많은 씨앗을 만들어 여러 곳에 자신의 분신을 퍼트린다. 그래서 삶의 터전을 넓혀간다. 쉽게 포기하는 우리 인생들과는 달리 많은 것을 사람들에게 전해준다. 4월의 날씨처럼 맑은 모습으로 전해주는 민들레의 웃음은 오래도록 변치 않으리라.

여름 저녁 바람

성가 연습이 끝난 후 찾은 교회 주차공간은 해가 보이지 않는 그늘이다. 잠시 남편의 차를 기다리기 위해 지인과 함께 가로등 보호대에 앉는다.

한낮의 열기가 남아 따끈하다. 옆에 있는 야산에서 부는 여름 저녁 바람이 한낮과는 달리 상큼하다. 아직 어둠도 내리지 않은 환한 저녁. 도시에서 느껴보지 못한 신선함이 묻어난다. 금세 해가 서산으로 기울었는지 야산 뒤로 보이는 하늘이 붉은빛으로 엷게 물들었다.

텅 빈 넓은 주차공간 한곳에 멍석이라도 펴고 싶은 마음이다. 누워 바람과 함께 어스름이 오는 것을 기다리고 싶다. 얼마 만에 느껴보는 신선 같은 시간인가. 도시 생활 속에 분주히 보내는 일상이 모두 뒤로 밀린다. 오직 바람과 나만 풀 내음 나는 산 옆에서 누리는 호사다.

하늘과 산, 바람 그리고 나. 옆에 있는 지인도 이런 생각을 할까. 마당의 아스팔트는 한낮의 뜨거웠던 열을 뿜어낸다. 그러나 주차장 옆 소나무와 굴참나무가 오밀조밀한 산에서 부는 바람은 한낮의 더운 열기를 모두 날린다.

왜 자연에서는 고향 생각이 나는 걸까. 지금은 아파트 속에 다 묻혀 버린 고향인데. 모습이 사라져 더 그리운지도 모른다. 고향엔 늘 외할머니가 계신다. 유난히 할머니와는 많은 시간을 지내서인지 꼭 함께 한다. 해가 지면 할머니는 아버지가 짚으로 만든 헛간 옆에 세워 두었던 동그란 멍석을 마당에 폈다. 제일 먼저 그곳으로 고무신을 벗고 들어가는 것은 나였다. 누워 여름 하늘을 바라보며 할머니의 옛이야기를 듣기 위해서였다.

손녀딸의 성화에 못 이겨 한마디 두 마디 시작하시는 구수한 이야기. 가장 많이 들었던 〈해와 달〉은 듣고 또 들어도 싫증 나지 않았던 얘기다. 그럴 땐 할머니 이야기가 내 맘에 포근히 스며들어 스르르 별을 보며 잠이 들던 기억. 초저녁 별처럼 반짝반짝 떠오른다.

등 밑에 깔린 멍석은 짚으로 만들어 까슬까슬했지만 그래도 할머니

결이라 푸근했다. 이제 내 나이 할머니의 나이가 다 되었다. 그래도 그때의 기억은 어찌 그리 오래갈까. 아무리 생각해봐도 알 수 없다. 멍석에 가득 내리던 달빛과 별빛, 지금 생각하니 아득한 그리움이 되었다.

살랑살랑 저녁 바람에 말려오는 또 하나의 기억, 초저녁 별이다. 해가 지면 반짝 서쪽 하늘에 뜨는 금성, 어느 땐 구름 사이에 숨기도 한다. 가끔 그 옆엔 초승달이 웃으며 초저녁 별과 함께 다정했다. 어머니는 초승달은 부지런해야만 본다고도 하셨다.

시골생활은 여름이면 농사일에 어스름이 밀려와 어둠이 내리기까지 분주하다. 언제 하늘을 바라보겠는가. 저녁을 지을 줄도 모르던 어린 나는 서쪽 하늘에 초저녁 별과 초승달을 보며 집에서 떨어진 산 넘어 밭에 가신 엄마를 기다렸다. 더러는 푸성귀를 팔러 시장에 가실 때도 서쪽 하늘을 바라보았다. 동생들은 기다리다 마루에서 잠이 들기도 했다. 이젠 모두 끝이 난 영화필름처럼 지난 시간에 감기어 버렸다. 할머니, 부모님 다 떠나시고 남은 삼 남매. 고아가 되었다. 그렇지만 각기 자녀들 키우고 다 갈 길 찾아 살고 있다. 이렇게 잠깐이라도 옛 시절로 돌아갈 수 있는 것이 얼마나 다행인가.

아직도 바람은 살랑살랑 마음을 흔든다.

여름 저녁 바람에 내 마음도 지난 시간을 가까이할 수 있었다. 새소리도 멈춘 이곳에 내 마음도 푹 빠졌다. 남편의 차 신호가 들린다. 자리를 털고 일어나 발길을 옮긴다. 청솔 내음을 뒤로하며.

초여름 뜰에서

현관 계단을 내려선다. 온통 푸르다. 작은 뜰이 마치 음악회를 여는 것처럼 갖가지 들꽃으로 여기저기 수놓는다. 꽃 달개비 보라색 바이올린, 흰색 달개비 비올라, 키 큰 섬초롱꽃 콘트라베이스, 큰꽃으아리 하프, 자주종덩굴 클라리넷, 빨간 왜철쭉 피아노. 모두 모여 연주하는 듯 초여름 바람에 일렁이며 춤을 춘다. 지휘자의 지휘에 맞추어 열심히 연주하는 모습 같다.

분홍달맞이는 화사한 얼굴로 그들의 연주를 감상한다. 저쪽에 아기 달맞이가 작은 손을 펴서 그들의 연주에 박수를 보낸다. 자연에서 눈으로 전해지는 소리 없는 들꽃의 연주는 꽃의 빛깔과 모양으로 마음에 가득 찬다. 이렇게 되기까지 30년이 걸렸다. 아무것도 없던 불모지 같았던 작은 터만 있는 집이었다. 잡초 몇 포기가 담 밑으로 나있던 집, 열심히 그 집을 가꾸고 꽃을 심어 오늘 같은 푸른 여름을 이곳에서 맞는다.

그렇게 모든 것을 이루려면 온갖 정성을 기울여 열심히 가꾸어야 좋은 결과를 볼 수 있지 않은가. 작은 마당에 서서 바라보는 마음은 참 흐뭇하다. 하나님이 에덴동산을 아름답게 만드시고 보시기에 심히 좋았더라고 말씀하셨던 창세기 구절이 떠오른다.

들꽃은 도입종에 비하면 화려하진 않지만 소박하고 은은한 매력이 있다. 그 꽃의 매력에 이끌리어 어린 시절부터 나는 들꽃을 좋아했다. 고향집 뒷산에 가면 꿀풀, 진달래, 철쭉. 할미꽃, 철따라 피고 지는 꽃들이 나를 사로잡았고, 그것도 모자라 꽃을 캐다 뒤곁에 심기도 했다. 유년기의 기억 속에 있던 세월을 작은 집 뜰 안으로 하나하나 들이기 시작했다. 가끔 죽는 경우엔 내 마음을 슬프게 했고 다시 꽃집으로 가서 그 꽃을 구해다 심었다. 그렇게 하기를 이집 이사 오던 때부터 30년 가까이 계속했다. 제법 야산처럼 조성된 작은 숲이 되기까지 오랜 세월이 걸렸다.

남편도 어느덧 그 속에 빠져들었다. 하루를 마무리하며 소박한 꽃들에게 부지런히 물을 준다. 그 모습을 보니 지난 시절이 간절하다. 결혼 초에 사글셋방에 살면서 주인집 꽃밭에 열심히 꽃을 가꾸던 일, 내게 참 여유 있어 좋다는 말을 했었는데. 그러나 남편도 관심 갖는 만큼 뜰이 푸르게 변하며 여기저기 들꽃 피는 모습에 마음이 열린 것 같다. 그래 내가 조금 편해졌다. 물도 주려면 한참 걸린다. 어느 땐 힘들어 귀찮기도 하지만 그것도 잠시, 아직은 꽃이 좋아 작은 뜰, 작은 화분에 사랑을 심는다. 푸른 생명을 심는다. 그들을 가꾸고 진실을 배우며 또한 삶의 길잡이로도 삼는다.

그들이 싹이 나서 자라고 꽃을 피우고 열매를 맺으며 한 해를 보내는 모습 어쩌면 우리들의 삶의 여정과 같은 것을 옆에서 본다. 볼수록 빠져드는 것이 정직한 자연이다. 작은 뜰에서 자연은 계절을 연출하고 철에 따라 작은 들꽃을 피우며 세월을 엮는다.

몇 해 전에 심은 으아리가 매화나무를 터전 삼아 아주 흐드러지게 자잘한 꽃을 피웠다. 그 향기, 하얀 꽃과 어우러져 작은 뜰은 축제의 아침처럼 황홀하다. 흰색이 얼마나 화려한 색인지. 아무 티가 없는 순백의 모습이 하늘에서 내려온 선녀처럼 곱다.

주일이 지나면 제 아빠 엄마와 함께 할머니 집에 올 손녀들을 생각하니 맘이 설렌다. 지난겨울 이곳에 들렀을 때 큰 손녀는 꽃이 보고 싶다고 했다. 꽃을 보고 큰 손녀는 얼마나 좋아할까. 여기저기 곱게 핀 꽃들이 손녀를 기다리는 것 같다. 하루빨리 만나기를 애원하는 것처럼. 내 작은 뜰에서

5월의 숲에 서서

산책길 언덕에 아까시아꽃이 하얗게 피었다.

잠시 오솔길에 서서 언덕을 바라본다. 숲 속 나무 사이로 보이는 작은 하늘은 꽃향기로 가득하다. 눈길을 옮겨보아도 5월의 숲은 온통 초록빛이다. 하얀 꽃과 달콤한 향기는 때 묻지 않은 자연 속에 더 싱그럽다. 아까시아 하얀 꽃송이에 세월과 친구, 고향집, 학교 길, 모두 조롱조롱 달린 것 같다.

초록빛 속의 흰색은 싱그러움을 더한다. 젊음처럼 싱싱한 초록의 숲을 바라보며 내 삶의 색은 지금 무슨 색일까 그런 생각에 잠시 잠긴다. 외모는 좀 바랬더라도 마음은 아직 젊으니 그냥 초록이고 싶다.

겉모습과 속마음이 다르니 그럴 수밖에 없다.

아까시아꽃을 보니 오래전 세상을 떠나신 아버지가 내 옆에 다가오신 것 같다. 아버지는 아까시아 나무를 '명사구 나무'라고 부르셨다. 초여름이면 하얀 꽃 핀 아까시아꽃을 꺾어다 주셔서 나와 동생들은 냄새도 맡고 먹고 놀기도 했다. 땔감이 없던 겨울엔 아까시아 나무를 베어 땔감으로 대신했던 오래전 일들도 생각난다. 자식들에게 따뜻한 겨울을 보내기 위해 가시가 있던 나무도 마다하지 않고 베어 오신 것이다. 인자하셨던 아버지는 5월이 되어 푸른 숲을 바라볼 때면 더 간절해진다.

언덕 오르는 한쪽엔 하얀 찔레꽃이 봉오리를 연다. 은은한 향기와 소박한 자태, 어머니의 냄새를 맡는다. 요즈음 아침마다 해 돋는 때에는 이 언덕에서 어머니를 만난다. 그때마다 어머니의 잔잔한 미소와 사랑 담긴 눈길이 노년의 초입에 접어든 나에게 서서히 다가온다. 찔레꽃 노래를 자주 부르시던 어머니 생각에 마음은 초록의 싱그러움 중에도 처연해진다.

엄마 일 가는 길에 하얀 찔레꽃/ 찔레꽃 하얀 잎은 맛도 좋지/ 배고픈 날 가만히 따먹었다오/ 엄마엄마 부르며 따 먹었다오.

5월은 가정의 달이라 분주하다. 오래전에 가신 두 분이 기억날 때면 그 싱싱한 푸른 숲에서도 초록의 눈물이 볼을 타고 주르르 흐른다. 어머니란 말을 누가 이야기해도 목부터 싸해지는 것은 먼저 가신 어머니를 둔 사람들은 모두 같은 마음이리라. 살아계실 때 알지 못했던 것들을 자식을 키우며 조금씩 알아가지만, 부모님은 이미 세상에 계시지 않으니 후해해도 무슨 소용이 있단 말인가.

날마다 만나는 자연이 5월이 되면 더 진한 초록빛으로 숲을 이룬다. 노랑꽃 핀 애기똥풀이 더 선명하고 앙증스럽다. 그 모습을 보며 그 숲을 지날 때마다 마음에 쌓인 때 묻은 생각은 초록으로 깨끗이 씻는다. 찌꺼기가 남지 않도록.

발자국을 뗄 때마다 숲은 말없이 따라오며 속삭인다. 마음의 작은 것을 다 버리고 나와 함께 걷자고. 지난 이른 봄 벚꽃이 떨어져 숲길을 하얗게 덮던 날 휴대전화기에 그 모습을 담았다. 파카 주머니에서 휴대전화기를 꺼내 이미지를 검색한다. 눈처럼 하얀 길이었다. 엊그제 같은데 벌써 주변이 초록으로 가득하다. 빠른 것은 세월이다. 보고만 있어도 마음이 깨끗해진다. 자연 속에서 시작하는 하루는 참 감사하고 행복하다. 숲은 욕심도 없고 화도 내지 않는다. 자연의 순리에 순응하는 5월의 숲. 깨끗하다. 그리고 싱그럽다. 마시고 싶다. 푸른 새소리, 푸른 바람, 푸른 공기 모두를 부모님께 전하고 싶다. 오월의 숲에 서서.

목련화

아침 산책 가는 길에 백목련이 하얗게 피었다. 벽돌담 밖으로 얼굴을 내밀고 봄을 알린다. 그 고귀한 자태에 발길이 머문다. 잎도 없이 갈색 줄기 끝에 흰 꽃송이를 피워 새벽을 열었다. 봄밤을 지새우고 피어난 모습이 고결해 보인다. 목련을 보니 지난 시절이 주마등처럼 스쳐간다.

불현듯 오래전 초임지 생각에 잠겼다. 여학교 때 서울로 전근 가신 선생님이 「목련화」 노래가 사람들에게 알려지기 전 악보를 보내주셨다. 학교 재단에서 축제 때 부를 새로운 곡이라고 하셨다. 처음 보는 노랫말과 곡조였다.

"오 내 사랑 목련화야 그대 내 사랑 목련화야

희고 순결한 그대 모습, 봄에 온 가인과 같고" 가사 구절마다 봄의 정경이 가득하고 그리움이 묻어났다. 긴 곡이었다.

선생님은 고3 때 국어를 지도해 주셨는데 담임선생님과 친분이 있어 우리 반에 더 애착을 가지셨다. 선생님이 해설해 주시는 고시조에 흠뻑 빠져 국어 시간만을 더 기다렸다. 그러나 그 기쁨도 잠시, 오신지 석 달도 되지 않아 서울로 가시게 되었다. 아쉬움이 많이 남았던 난 스승의 날 편지를 보냈다. 그런데 뜻밖에 답장을 보내 주셔서 참 기뻤다. 반 아이들과 돌려가며 선생님 편지를 읽고 또 읽었다. 몇 해 동안 스승의 날 편지를 보내드렸는데 선생님은 그때마다 답장을 해주셨다. 그리고 3년을 계속해서 보내준 사람은 나 뿐이라고 하셨다.

그렇게 인연이 되어 내가 교직에 들어서며 산골학교로 첫 부임을 했을 때, 선생님은 편지 속에 '孝順'이라고 새겨진 긴 상아 도장을 동봉하여 보내주셨다. 새내기 교사였던 나는 어리둥절했다. 그때는 아침 출근하며 출근부에 도장을 찍던 때였으니까. 선생님은 부임 선물로 사무실용 도장을 마련하였다고 하셨다. 아침에 출근부에 도장을 찍을 때마다 선생님을 생각했다.

그렇게 다정하셨던 선생님이 보내주신 악보를 오르간 앞에 펼쳐놓고 반주는 서툴지만 한 손으로 멜로디를 계속해서 연습했다. 높은 음이 많아 매우 힘들었다. 서정적인 가사는 연습을 거듭할수록 마음에 들어 계속 흥얼거리며 그 가사를 익혔다.

어느 해 작은 도시로 부임지를 옮겼을 때부터 그 가곡이 유행처럼 번졌다. 음악회가 있을 때 성악가들이 자주 불러 청중을 모았다. 1970년대 중반 엄정행 씨가 처음 부른 그 곡이 음악 애호가들에게 친근한 가곡이 되었다. 내겐 더 의미가 깊었다. 그 곡이 알려지기 전에 먼저 알고 있었기에.

목련은 목련과에 속한 낙엽성 교목으로 4월 초에 줄기 끝에 한 송이씩 피는 꽃이다. 꽃봉오리가 붓처럼 생겼다고 목필화木筆花라고 부르기도 한다. 또한 꽃잎은 차로 사용하기도 한다.

그 아름다운 봄날 목련 꽃그늘을 마음으로 그리며 산마을 봄은 한 폭의 수채화가 되었다. 선생님 계신 곳은 캠퍼스가 아름답기로 이름이 있는 곳이었다. 그 가사 속 하얀 목련화가 아름다운 교정이 꿈결처럼 펼쳐지곤 했다. 내 마음에서.

하얀 목련의 모습 속에 고스란히 담겨있는 내 지난 시절, 올봄도 어김없이 곱게 피어 봄 같은 포근함을 내게 안겨준다.

사람의 마음을 가장 순수하게 이끄는 것은 음악이 아닌가 한다. 「목련화」를 부르면 흰 목련의 모습에 절절히 묻어나는 고운 추억들로 마음이 설렌다. 그리고 티 없이 순결한 모습이 유난히 흰옷을 즐겨 입으시던 어머니 같아 이 계절이 되면 더욱더 그리워진다.

주변은 온통 폭포수 같은 개나리의 꽃물결로 마음을 노랗게 물들인다. 이제 서서히 노년에 접어들지만 마음은 아직 봄이다. 「목련화」를 부르셨던 선생님, 「목련화」 악보를 보내주셨던 선생님의 모습이 아련히 눈가에 서린다. 그래서 삶의 한 자락에서 잊을 수 없는 부분이 되었다.

비가 오려는지 하늘이 나지막하다.

가을을 기다리며

8월도 어느덧 끝자락에 매달려 가을을 바라본다. 성급한 하늘은 조금씩 높아지고 아침저녁 부는 바람도 가을을 안고 있다. 집 앞뜰의 작은 숲에선 가을벌레들이 저녁이면 하모니를 이룬다. 너무 빠르게 지나는 시간 속에 쫓기며 사는 것 같다.

옥상에서 자라는 바위솔도 어느덧 월동준비를 서서히 하는 모습이 눈에 보인다. 고추 포기도 다시 잔가지를 뻗어 꽃을 많이 준비한다. 마치 생을 마감하기 전의 작은 몸부림 같다. 울타리콩은 여름내 잎만 무성하더니 이제 제철을 만난 듯 꽃을 많이 피우고 꽃진 자리에 콩 꼬투리도 맺는다. 그런 모습을 보며 대문을 드나들 때 바라보는 것도 흐뭇하다. 풍성해지는 가을처럼 마음도 넉넉해진다.

작은 뜰엔 가을꽃이 봉오릴 맺기 시작한다. 구절초, 감국, 꽃향유, 국화, 미역취, 산파…. 다른 꽃 필 때 부러운 눈으로 목을 길게 빼고 바라보다가 이제 자신의 모습을 드러낸다. 봄, 그 뜨거웠던 여름, 모두 보내고 가을의 초입에 서 있다. 오랫동안 참고 기다리는 무던한 사람의 모습을 많이 닮았다.

자연은 늘 사람에게 인내와 겸손을 배우게 한다. 사람 같으면 늦는다 생각할 때 끼어들기와 여러 방법을 동원하여 자신을 드러내고 만다. 그러나 자연은 말없이 그 자리에서 시간의 지남에 따라 순응하며 자신을 세워간다. 그렇게 있으면 언뜻 뒤처지고 무시당한다고 생각하기 마련이다. 그러나 자연은 신의 섭리에 따라 순종할 따름이다.

아침 하늘에 높이 뜬구름을 바라본다. 여름에 안 보이던 새털구름이다. 새털구름이 하늘에 높이 뜨면 가을이 오고 있음을 눈으로 먼저 본다. 아직도 맘이 설렌다. 올가을에는 또 어떤 일들이 나를 기다리며 다가올까. 구절초 꽃을 따서 구절초 차를 만들까. 섬감국꽃을 말려 베갯 속에 넣을까. 오랫동안 소식 전하지 못한 친구들에게 가을 편지를 쓸까. 아니면 내년 봄을 위해 알뿌리 꽃을 심을까. 마음의 양식을 위해 책을 읽을까. 보고 싶은 사람을 찾아 여행을 떠날까. 꽃이 진 화분들의 분갈이를 할까.

하고 싶은 일들이 많이 있지만 간절히 다가오는 것은 먼 곳에 사는 보고 싶은 아이들이다. 가끔 아이폰을 통해 얼굴을 보며 목소리를 듣지만 왠지 허전하다. 따뜻한 손으로 전해지는 온기가 그리울 다름이다. 이미 다 커버려 한 가정을 이룬 가장들이지만 마음에 남은 것은 늘 어린 시절 정겨운 모습뿐이다.

가을이 오면 우선 이국에 사는 아이들 있는 곳으로 여행을 떠나고 싶다. 사는 모습을 보러 가는 것이지만 집을 떠나니 여행이라고 하고 싶다. 잠시라도 함께 웃으며 그동안 사는 이야기를 듣고 싶다. 그리고 귀여운 손녀들의 맑은 눈을 보며 웃음을 나누고 싶다. 이른 봄에 떠난 손녀들 이제 많이 자랐을 텐데.

그다음으로는 등록한 평생교육원에서 새로 만나는 지인들과 사는 이야기를 나누며 더불어 마음을 공유하고 싶다.

주변부터 천천히 하고 싶은 것을 해 나가리라.

계절 가운데 가을을 좋아하는 것은 화려함 속에 쓸쓸함과 풍성함이 있기 때문은 아닐까. 풋풋했던 젊은 시절처럼 올가을을 기다리는 마음은 유난히 더 설레고 새 힘이 솟는다. 마음 다 비우고 그곳에 파란 하늘을 가득 담으리라.

초겨울 찻집에서

노랗던 은행나무 가로수는 어느덧 고운 잎새를 다 떨구었다. 잿빛 가지만 앙상하게 남긴 채 초겨울 하늘을 묵묵히 바라본다. 차창으로 달려드는 겨울 산은 잔가지들이 서로 엉킨 채 무채색의 모습으로 저무는 세모를 기다린다.

승용차에서 내린다. 높은 산 가는 나뭇가지 사이로 보이는 그림보다 더 고운 겨울 하늘이 가을처럼 펼쳐진다. 금방이라도 파란 물이 쏟아질 듯이 고운 하늘. 맑은 바람, 맑은 공기, 눈이 시리도록 파란 겨울 하늘을 보며 찻집 '풍경소리'로 들어갔다.

어린 시절 고향집 같은 흙벽과 남녘으로 창이 난 토담집, 밖에서 본

허름한 모습과는 달리 찻집은 세월의 손때 묻은 소품들이 여기저기 정겨움을 더해준다. 잔잔하게 흐르는 마르티니의 〈사랑의 기쁨〉은 이곳에 머문 사람들에게 어수선한 마음을 차분히 보듬어 준다.

작은 창으로 길게 드리운 겨울 햇살, 산 위로 보이는 파란 겨울 하늘, 화려한 옷을 벗은 겨울나무는 산마을의 고요함을 더 선명히 조명한다. 주문한 대추차의 구수한 내음과 어렸을 때 간식으로 먹었던 볶은 콩이 큰 통나무를 갈라 만든 탁자 위에 오른다. 고향집 같다.

토담집 작은 창으로 비치는 겨울 햇살에 깍지 낀 두 손을 모은다. 따뜻하다. 나목裸木의 가지만 묵묵히 버티고 있는 산자락이 내 눈과 만난다. 오고 간 계절을 생각한다. 분주한 시간을 뒤로하고 이제 안식을 찾는 숲, 이따금 들리는 산새소리에 마음은 더 맑아진다.

찻집 남쪽 개울가 언덕 위에 낡고 초라한 집이 보인다. 참숯 굽는 집이란다. 얄푸른 연기가 맑은 새소리 들리는 숲에 처연히 피어오른다. 마치 임을 여읜 소복素服한 여인네처럼…. 도회지의 매연과는 다른 깨끗한 연기가 마치 결 고운 비단폭 같다. 잠시 지금은 사라진 고향 생각에 잠긴다. 고향은 늘 포근한 어머니 품안 같다. 어찌 그리 정겹게만 느껴질까?

겨울이 시작되면 안방 아랫목에 작은 담요를 깔아놓고 질화로엔 잿

불을 담아 인두로 다독이며 그렇게 겨울을 보냈다. 어머니는 따끈해진 인두로 동정을 다리며 바느질을 하셨다. 호롱불을 중심으로 기나긴 겨울밤, 우리들은 담요 아래 모두 발을 들여놓고 발장난도 하고 웃음꽃을 피우며 따뜻한 정을 키웠다. 그 옆에서 아버지는 가마니 짤 때 쓸 새끼도 꼬셨다. 그때를 돌아보면 우리들의 삶이 참 많이 윤택해졌다. 그러나 마음은 그때 같지 않고 어느 한 곳이 채워지지 않은 갈증을 느낀다. 찾아갈 고향도 모두 아파트로 변하여 아쉬움만 남는다.

"선생님 차 식어요." 함께 간 지인이 말문을 연다. 연기를 보고 있는 동안 대추차가 다 식었다. 멍하니 찻집 창밖의 풍경에 취하여 차 식는 줄도 모르고 시간을 보냈다. 참 오랜만에 초겨울의 풍경 속에 있는 동안 긴 시간 이야기를 나누다 아쉬움을 남기며 그곳을 나왔다.

눈 내릴 때 다시 오고픈 찻집, 아쉬움을 남긴 채 초겨울의 정취를 마음껏 마시며.

하늘은 여전히 파랗고 숯 굽는 집 굴뚝에선 연기가 모락모락 오르고 있다. 돌돌 돌… 언덕 아래 도랑엔 맑은 초겨울이, 그리고 잎이 진 빨갛게 익은 들장미 열매에 세월이 흐르고 있었다.

가을비가 보내준 선물

며칠 동안 가을비가 추적추적 내린다. 지난주 문학기행을 철원으로 갔을 때 그날 밤에도 오늘처럼 가을비가 내렸다. 그날 신기한 일이 벌어졌다. 50년 만에 중학교 동창을 만나게 되었다. 빗소리와 함께 그 친구와 긴 밤을 속삭이며 정겨운 옛 시절로 잠시 돌아갔다.

철원을 향해 가는 관광버스 안에서였다. 악기를 메고 타는 중년 신사와 우리 또래의 여인이 함께 동승했다. 행사 때 연주하실 분들이란다. 검은 옷을 차려입은 그들이 예술인처럼 보였다. 흥이 있는 회원들은 노래를 부르고 난센스 퀴즈도 맞히며 관광버스 안의 분위기는 점점 익어갔다. 한참을 그렇게 주고받으며 가는데 가수 겸 연주자인 여인의 차례가 되었다. 호수같이 맑은 눈에 까만 옷차림, 성악을 공부했다는 그 여인은 아주 노래를 잘 불렀다. 나이에 비해 목소리도 젊었다. 자기 소개를 하는 그 모습이 우리 중학교 때 동창 같았다. 나이가 들어 그때처럼 날렵하진 않았다. 목소리와 웃을 때 들어가는 볼우물이, 꼭 옆반에서 반장이었던 친구 같았다. 그러나 이름 끝 자가 내가 생각한 것과는 달랐다. 그래서 숙소에 가면 꼭 알아보려고 마음에 두었다.

아침 고요수목원과 산정호수를 지나 철원에 도착하니 비가 내리고 어둠이 짙어지기 시작했다. 인솔자가 방을 함께 쓸 팀을 알려 주었다. 마침 그 여인이 우리와 한 팀이 됐다. 배정된 방에 도착하자마자 궁금하던 것을 먼저 알아보았다. 예상한 대로 적중했다. 원래 이름 끝이 잘못되었던 것을 바로잡았다고 했다. 마치 이산가족이 만나 서로 묻고 찾는 것 같았다. 우린 반가워서 얼싸안고 한동안 가만히 있었다. 너무 기뻐 감정 조절이 잘 되지 않았다. 이럴 수가 있을까. 죄짓고는 못 산다는 말까지 했다.

저녁식사 후 식당에서 간단한 오락회가 있었다. 온통 전쟁의 폐허에서 다시 일어난 도시답게 식당 안은 오래 지나 낡은 것들이 식당 벽을 울타리처럼 메우고 있다. 찌그러진 주전자. 군인들이 쓰던 수통, 어수선한 모습 속에 전쟁으로 폐허가 되었던 그 시절이 고스란히 담겨있다.

그런 분위기에서 친구와 동행한 지인과 함께 〈에델바이스〉트럼펫 연주로 시작된 철원의 가을밤은 간간이 들리는 낙숫물 소리와 함께 더 정겨웠다. 친구는 연주를 시작하기 전 50년 만에 만난 날 소개했다. 덕분에 눈인사도 많이 받았다.

협회의 행사가 끝나 숙소로 돌아왔다. 우리는 철원의 스산한 가을 빗소리를 들으며 그동안 살아온 이야기들을 나누었다.

얼마나 긴 세월이었나. 삶의 우여곡절도 있었지만 아들 둘을 잘 키워냈다. 친구도 목표한 것을 이루며 취미생활하면서 지낸다고 한다. 이곳에 오게 된 것은 마음에 담긴 것들을 수필을 통해 한번 풀어보고 싶어서 그동안 공부하여 지난 3월에 수필가로 등단해 우리 협회의 동인이 되었단다. 그래서 회원 자격으로 왔다고 한다.

이런 인연이 또 어디 있단 말인가. 생각할수록 놀랍다는 생각만 들었다. 단발머리 소녀들이 눈가에 주름 잡힌 황혼으로 가는 길에 만나다니. 감개무량할 따름이다.

여행을 마치고 귀가하여 지난 3월호 문예지를 펼쳐 보았다. 친구의 이름이 적힌 신인상 명단을 보고 사진을 본다. 그때 읽을 때는 청주 무심천과 진천 농다리가 작품 중에 나와 청주 사람인가 하고 의아했다. 그때도 이름이 달라 그냥 스치는 정도로 읽었다. 다시 정독을 하니 친구의 옛 시절 모습이 가득 담겼다. 환하게 웃는 사진도 더 선명했다.

가을비는 낙엽을 떨구고 내겐 소중한 친구를 선물로 보내 주었다. 여전히 가을비는 내리고.

2부

외할머니 자배기

빨간 장갑

겨울 햇살이 따뜻한 주말이다. 그 햇살을 등에 받으며 흥덕사지 산책길에 접어든다. 햇살과는 달리 손이 시리다. 빨간 장갑을 낀다. 하마터면 못 낄 수 있었던 그 장갑이다. 눈길이 한번 더 머문다. 혼자 소리 없이 웃는다.

지난주 첫눈이 제법 많이 내린 날이다. 우리 뜰의 작은 매화나무에도 흰 눈꽃 송이가 듬성듬성 목화솜처럼 피었다. 그것을 곁눈으로 보며 저녁시간에 성가 연습이 있어 남편과 함께 승용차 있는 곳으로 눈길을 조심스레 걸었다. 넘어질까 두려워서 다리에 힘도 많이 들었다. 승용차는 하얀 눈으로 모두 덮여있다. 덮인 눈을 접은 우산으로 털고 교회로 향했다.

2시간 성가 연습을 끝내고 귀가하니 장갑이 보이지 않는다. 내 손가방을 몇 번 보아도 눈에 들어오지 않는다. 차 안에도 다시 가서 살펴보았다. 그곳에도 없다. 집에서 가지고 나간 것은 생각나는데 어느 곳에서 벗었는지 생각나지 않는다. 머릿속엔 빨간 장갑으로 가득 차있었다. 그 장갑은 15년 전에 큰아이가 군에 갔을 때 사준 내 맘에 쏙 드는 장갑이다. 많이 속상했다.

교회 관리인에게 전화하여 내가 있던 장소를 자세히 말하고 부탁해 보았으나 허사였다. 이튿날 새벽예배 마치고 다시 가서 찾아 보았다. 그래도 보이지 않는다. 하는 수 없이 서운한 맘을 접었다. 귀가하는 길에 어제 주차해 놓았던 그 차 있던 자리를 살펴보았다. 하얀 눈으로 덮여 보이지 않는다. 매우 서운하였지만 어떻게 할 도리가 없다. 남편도 서운했는지 나보다 더 속상해했다.

오후에 산책 가는 길에 어제 우리 차 있던 자리로 눈길을 돌렸다. 먼 발치에서 눈 녹은 자리를 바라보았다. 약간 검붉은색이 보인다. 궁금해서 얼른 가서 보았다. 그렇게 간절히 찾던 내 장갑 두짝이 바퀴에 납작하게 갈린 채 흙투성이가 되어 주인인 나를 기다리고 있었다. 눈을 비비고 다시 보았다. 역시 내 장갑이다. 마음에 가득했던 서운함이 봄눈

녹듯 사라졌다. 그동안 노심초사했던 마음이 개운했다.

난 눈이 녹아 흙이 많이 묻고 더러워진 장갑을 우리 집 대문 안에 밀어 넣고 산책길에 들었다. 훨씬 발걸음이 가벼웠다. 상쾌한 마음으로 산책을 했다. 그동안 마음속엔 다시 찾은 빨간 장갑 영상뿐이었다. 산책길의 발걸음은 나도 모르게 가벼웠다. 콧노래도 나왔다. 얼른 몇 바퀴를 돌고 집으로 부지런히 걸었다. 빨리 때문은 그 빨간 장갑을 빨아 널기 위해서였다.

빨간 장갑은 큰아들이 ROTC로 군에 입대하던 해 어버이날 등산복과 모자. 장갑을 빨간색으로 통일하여 내게 선물로 준 것이다. 사회 나가 처음 돈을 벌어 엄마에게 준 의미 있는 선물이다. 그 장갑을 낄 때, 등산복과 모자를 시용할 때마다 그 아이를 생각했고 그렇게 15년째 나와 함께 살며 정을 가득 붙인 나의 분신과도 같다.

장갑이야 돈을 주고 사면 그만이지만 살면서 애정을 가지고 붙인 정은 돈으로 살 수 없지 않은가. 때문에 밤새도록 하찮은 것에 마음을 썼다. 지인들이 보면 어찌 생각할까. 그 장갑 하나 가지고 그렇게 골똘히 마음 쓴 것을 유별나게 생각할 수 있겠지. 장갑 주인이 아니니까.

우리 주변에는 생활하면서 돈으로 살수 있는 것과 없는 것이 많이 있다. 아들도 그 장갑을 내게 사준 것을 잊었을지 모른다. 그러나 그 빨간 장갑이 낡아지며 세월 따라 묻고 자란 애틋한 정은 추운 날 장갑을 낄 때마다 가끔 비치는 겨울 햇살처럼 따뜻하다. 아들의 정과 내 마음이 함께 묻어서.

손녀에게 준 꽃

'할머니 제가 물 줄게요.'

창가에서 내게 건네받은 화분을 거실로 옮기며 손녀가 하는 말이다.

석곡 화분에 손녀는 작은 물뿌리개로 물을 준다. 화분 밑으로 흐르는 물을 바라보며 신기해한다. 호기심이 가득한 눈으로. 쟁반에 흐른 물을 보며 왜 물이 새느냐 묻는다.

주말에 손녀딸이 들렀다. 적적했던 집안에 생기가 돈다. 2주 전 학습발표회 때 보고 또 보는 것이어서 반가움이 더했다. 언제 보아도 사랑스러운 것이 어린 손녀들이다. 사람들의 말처럼 눈에 넣어도 아프지 않을 피붙이. 거실에 들어서자 손녀 둘은 함께 놀자고 내 손을 피아노가 있는 곳으로 잡아끈다. 난 하던 일을 멈추며 그들과 한마음이 된다.

한동안 집안을 뛰어다니다 쉴 때 다과를 나누며 손녀는 이런 말을 했다. '할머니 저는 꽃을 꺾으며 놀고 싶어요.' 아이답지 않은 그 말이 내 마음을 흔들었다. "온유야, 지금은 겨울이라 아직 꽃밭에 꽃이 없어. 봄이 오면 꽃이 많이 필 때 할머니와 함께 놀자."고 했다. 손녀는 이해한 듯 고개를 끄덕였다. 손녀의 '꽃'이라는 말에 마음에 파문이 인다. 그리고 그렇게 말하는 손녀가 기특했다.

창가에 분홍색으로 핀 석곡이 눈에 들어왔다. 5년 정도 정성 들여 키웠다. 아무에게도 정을 떼기가 아쉬워 나누지 않은 꽃이다. 몇 번인가 지인들에게 분양하려 했었지만 그때마다 함께한 시간들이 많아 망설였었다. 그렇게 아끼던 꽃. 그리고 올해 고운 꽃을 열두 송이나 피웠다. 그 꽃의 주인이 바뀌는 순간이었다.

꽃을 기르다 보면 자식처럼 정이 들어 그렇게 쉽게 다른 사람에게 줄 수 없나 보다. 키는 작지만 일년초도 아니고 몇 년씩 키워야 꽃이 피기에 그런 것 같다. 난 그 꽃을 미련 없이 손녀에게 주었다. 손녀에게 그 꽃을 건네줄 때 마음은 서운하지도 않았다. 아직은 일곱 살 어린 나이지만 나와 같은 마음이 오가는 것을 어렴풋이 알 것 같았다.

지난여름 우리 집에 왔을 때에도 핑크색 플록스와 보라색 달개비를 꺾어 손에 들고 그렇게 좋아했다. 나비처럼 나풀나풀 꽃과 함께 어우러져 뜰의 한식구가 되기도 했다. 짧은 시간 오가며 내 정서를 닮았는지 우리 집에 들를 때마다 꽃에 관심을 갖는다.

아파트에 살아 자연을 별로 접하지 않기에 아쉬움이 많이 있다. 그나마 할머니 집에 올 때라도 자연을 접하게 하고 싶어 지난봄부터 가을까지 작은 꽃밭으로 데리고 나갔더니 이곳에 올 때마다 생각이 나는 모양이다. 그래서 오늘도 아직 겨울이 가시지 않았는데 꽃 이야기를 한다.

따뜻해지면 흥덕사지로 데리고 가서 숲의 모습을 보며 자연과 더불어 놀게 하고 싶다. 우리 아이들 자랄 때처럼 할머니와 함께 살지 않기에 그런 생각이 드는 것 같다.

꽃을 손녀에게 건네며 이런 생각을 했다. 사람은 생명이 있는 것을 가꾸고 그들과 지내는 것이 얼마나 값진 것인지. 스스로 깨달으며 조금씩 앎의 범위를 넓혀가는 것, 눈에 보이는 것은 아니지만 먼 훗날 보람의 꽃으로 필 것을 생각하면 희망이 솟는다.

사회의 흐름에 따라 통학버스의 좌석에 앉아 작은 시설을 오가며 틀에 짜인 과정에 따라 머릿속을 채우고 지내는 현실이 안타깝기만

하다. 손녀가 세월이 지나 자랐을 때 할머니가 준 꽃을 기억하며 그 마음을 이해할 수 있을까 이런 바람을 마음으로 기대해 본다.

풀 내음

흥덕사지 산책길 주변이 깨끗이 정리되었다. 상큼하게 코를 자극하는 싱그러운 풀 내음에 발걸음이 멎는다. 예초기에 잘려나간 마른 풀들이 산책길 주변에 널브러졌다. 잘린 상처가 아물며 시드는 냄새. 어릴 때 고향에서 아버지 지게에 가득 실려오던 그 풀냄새다. 그리고 산소 벌초할 때 나던 그 내음이다. 가끔 풀 내음이 내게 올 땐 유년의 기억에 젖는다.

아버지는 입추가 가까워오면 논둑과 밭둑에 있는 풀을 낫으로 베셨다. 그리고 그것으로 시골집 앞마당의 두엄더미를 넓게 채우셨다. 그곳에는 돼지우리와 외양간에서 나온 배설물이 집안의 농산물 쓰레기와 함께 모여있었다. 아침 일찍 일어나 앞마당에 나오면 어느 땐 그 두엄더미에서 김이 모락모락 오를 때도 있었다. 거의 자연의 냄새이어서인지 그리 싫진 않았다. 그럴 땐 아버지께서는 두엄 뒤집는 작업을 하셨다. 그래서 그것이 해를 넘기고 숙성되면 이듬해 봄 논밭의 거름으로 이용하셨다. 퇴비를 마련하기 위한 것이었다. 비료를 많이 사용하기 전이었으니 지금 생각하면 친환경 농법이었다. 그때는 그것이 잘 이해되지 않았다. 왜 풀을 베어 지게에 가득 담아 집으로 가져오시는지를.

아버지께서 논과 밭두둑 주변에 풀을 깎으면 이제 추석이 머지않았다는 것을 어렴풋이 짐작했다. 논에는 벼가 가득해 초록의 비단물결을 이루고 논둑엔 쥐눈이콩 싹만이 말끔해진 울타리처럼 촘촘히 서 있었다. 그때의 싱그러움은 눈으로 달려들고 풀 내음 또한 정겨웠다.

풀 내음은 왜 내 발길을 잡는 걸까. 어린 시절 기억 속에 있는 그때가 그리워지는 걸까. 내게 세월의 무게만큼 더해지는 나이 탓일까. 꼬집어 말할 수 없는 어느 것에 사로잡힌다. 풀냄새만 피어나면 흔적도 없이 사라진 작은 흙벽돌집과 우리 집의 앞마당. 한쪽 옆에 있었던 두엄더미. 마당 끝엔 내가 좋아하는 코스모스를 심고 가을을 기다렸다. 그리고 파란 하늘 아래 잠자리를 잡으며 가을을 보냈다.

풀 내음 속에 감추어진 고향은 아직 내 마음에 생생하다. 아버지께서는 볏짚을 썰어 진흙에 섞어 흙벽돌을 직접 찍으셨다. 황토 흙이었다. 찍은 벽돌이 햇볕에 다 마르자 그것으로 흙벽돌집을 지으셨다. 집이 완성되었을 때가 여름이었다. 그 집을 지어 이사한 후 열흘이 채 되기 전이었다. 3학년인 남동생이 익사 사고로 그만 하늘나라로 가고 말았다.

흙벽돌집으로 이사했을 때 남동생은 찰흙으로 거북선을 만들었다. 지금도 아련한 내 기억 속에 남은 모습은 아주 잘 만든 거북선이었다. 남동생은 그렇게 거북선을 하나 남기고 하늘나라로 떠나고 어머니의 가슴에 가득 슬픔을 남겼다. 동생이 간 이후 어머니는 늘 한숨으로 나날을 보내셨다. 늘 생때같은 아들 앞세워 보내고 사는 것이 영 마음이 불편하셨나 보다. 사람들이 우리 집은 아들 둘 딸 둘 알맞다는 말을 많이 하더니 그만 탈이 난 것이다.

부모님 두 분 밭에 가면 그 동생이 어머니의 허연 광목 치마를 머리에 쓰고 하던 놀이가 아직도 생각난다. '알 났도다. 아기 났도다' 그 말은 지금도 귀에 쟁쟁하다. 즐겁던 4남매.

풀 내음에 묻어나는 그리운 얼굴들. 아버지, 어머니, 남동생…. 아직도 내 발길에 밟히는 마른 풀들. 그 풀 내음에 마음이 아리다.

외할머니의 자배기

새해가 되어 집안 정리를 하려 거실을 살폈다. 피아노 아래 자배기 속에 작은 알갱이의 스티로폼 봉지가 담겨 있었다. 벌써 그 자리에 있었던 것이 꽤 오래되었다. 택배 부칠 때 포장지 속에 완충용으로 사용하려 두었던 것인데 청소할 때마다 정리한다 한 것이 해를 넘기고 말았다. 며칠 전에 그 봉지를 꺼내며 자배기(옹기)를 자세히 보니 손잡이 사이에 실금이 가서 순간접착제로 바른 자국이 있다. 난 그 그릇을 들고 주방 개수대에 가서 물을 담아 보았다. 실금이 난 곳으로 물이 조금씩 새어 나왔다. 물을 모두 쏟고 그릇을 들어 전등불에 비추어 보니 벌어진 틈새가 두 곳이 하얗게 보였다. 접착제를 찾아 그곳을 바르고 때웠다. 이렇게 해서라도 그 자배기를 보관하고 싶었다.

자배기는 내가 고3 때 함께 사시다 돌아가신 외할머니의 손길이 묻어 있는 그릇이기에, 오래전 친정 갔을 때 장독대에 놓여있던 것을 가지고 온 것이다. 어머니께서 그것은 외할머니가 쓰던 그릇이라고 했다. 그리고 거기에 밥 지을 보리쌀을 넣고 물에 불려서 손으로 닦아 씻어냈다고 하셨다.

사진 한 장 남지 않은 외할머니가 보고 싶어도 볼 수가 없다. 영정사진이 친정집 윗방에 돌아가신 아버지 사진과 함께 걸려있었다. 그 후 그곳이 개발되면서 내가 결혼해 객지에 살 때 가족들이 이사하며 사진을 모두 잃어버렸다. 문득 할머니가 보고 싶을 때 사진이라도 보면 마음이 덜 서운 할텐데 아무 흔적이 없으니 안타깝기만 했다. 낡은 사진이라도 한 장 있으면 좋으련만, 그것을 사진관에서 복원하면 될 텐데……. 아쉬웠다.

지난가을엔 작고하신 친정 부모님 사진을 동생이 찾고 있었다. 마침 내가 간직한 낡은 앨범 속에 한 장 있는 빛바랜 사진을 사진관에 알아보니 복원하여 다시 확대할 수 있다고 하였다. 반가운 마음에 사진 열 장을 인화하여 동생과 조카, 우리 아이들에게 나누어 주었다.

자배기를 보니 어린 시절이 생각난다.

우리 동네 양짓말에 우물이 한 곳 있었다. 그 우물은 우리 마을의 식수원이었다. 동네 사람들은 물지게나 물동이를 이고 물을 길어와 집에서 음용수나 음식 만들 때 사용하였다. 어른들 가는 길에 따라가서 한번 해 보고 싶어 외할머니를 조르니 외할머니는 그 자배기를 내 머리에 작은 똬리와 함께 얹어주셨다. 머리에 이니 빨리 걸을 수 없었고 자배기에 물을 반 정도 담아 이고 오는데 출렁거려 어깨 위로 흘러내리기도 했다. 그 후로는 다시 그 일을 하지 않았다.

자배기는 흙으로 빚어 구워 유약을 바르지 않아 편안해 보이는 빛깔로 마음에 드는 질그릇이다. 보면 볼수록 순한 빛깔이 할머니의 따뜻한 정이 담긴 것 같아 마음까지 편안해진다. 몇 년 전엔 그곳에 금붕어를 키웠고 그때 물을 갈아주다 부딪쳐 금이 가서 화분으로 쓰려 했었다. 화분으로 사용하기엔 크기도 적당하지 않았다.

집에서 기르는 구피가 새끼를 많이 낳아 그곳에 분가를 시키려던 중이다. 접착제를 발라 말린 뒤 물을 자배기에 담아보니 새지 않는다. 여기저기 자국이 조금씩 있어 깨끗하진 않지만 그래도 얼마나 기분이 좋은지.

자배기에 가득 담긴 물을 바라본다. 그곳에 할머니가 계시는 것 같다. 40년이 훌쩍 넘은 세월이 지났지만 아직 내 곁에 계시는 할머니의 끈끈한 정이 마음으로 전해지는 것 같다. 버리지 못하고 곁에 두는 외할머니의 자배기, 혈연으로 맺어진 정은 오래오래 남으리라.

성탄 선물

산책을 다녀온 후대문을 열었다.

주황색 보도블록에 포장된 종이상자가 보인다. 발신인은 경기도 근처에 있는 물류센터였다. 누가 보냈을까. 좀 부피가 커서 두 손으로 들고 거실로 가져왔다. 호기심에 면도날로 접착된 부분을 열었다.

상자엔 지난 7월에 결혼해서 미국에 사는 큰아이 내외의 편지와 아주 작은 결혼사진첩, 사부인의 카드와 선물이 들어있었다. 비닐봉지에는 남편과 나의 커플 겨울 등산복이 있었다. 성탄절이 다가오지만 트리도 만들지 않고 아이들이 다 자라 모두 제 길을 간 집엔 어머니와 남편, 나와 셋이 그날그날을 덤덤히 보내던 중이다. 그렇게 즐겨 꾸미던 성탄 트리도 몇 년 전부터 서서히 자취를 감추고 말았다. 그날의 선물상자는 평범하게 사는 일상에 설렘을 주었다.

우선 문자로 고맙다는 내용을 큰아이에게 카톡으로 보냈다. 보이스톡이 오기를 기다렸으나 소식이 없다. 좀 기다리다 오후에 은행에서 일을 보고 있을 때 반가운 보이스톡 소리가 울렸다.

십여 분간 큰 아이 내외와 통화를 했다. 마침 둘째와 함께 은행 일을 보던 중이라 잠시 지난 결혼식 때처럼 정담을 나눌 수 있어 매우 흐뭇했다. 보내준 옷은 새벽 기도 가실 때 입고 다니라고 했다.

그 아이들은 쌍둥이 형제다. 대학을 졸업하고 군에 장교로 입대했을 때 둘이 봉급을 모아 우리 내외의 등산복을 사준 것이 어느덧 10년이 넘었다. 그때도 제일 좋은 것으로 사준다고 청주에는 없어 대전까지 가서 준비하여 어버이날 선물로 안겨 주었다. 등산복을 받아들고 그 아이들이 귀대한 후 한참 눈물을 쏟던 기억이 생생하다.

얼마나 궁리를 했을까. 부모님이 가장 좋아하는 것이 무엇인지 생각 끝에 결정을 내려 선택한 것이 아닌가. 남편이 주로 산을 다니고 있고 내가 산책을 하고 있으니 저희들 둘이 옷 고르려 얼마나 마음이 쓰였을까. 10여간의 이국생활에 많은 어려움도 있었고 집 떠나 외로움도 많이 겪었을 것을 생각하니 눈물이 핑 돈다. 이제 짝을 만나 나의 염려도 많이 덜어낸 셈이다.

우리 부부는 그 아이와 통화하며 당부하던 말을 그대로 하기로 했다. 선물로 보내준 따듯한 옷을 입고 새벽 기도회에 나갔다. 아이들이 설빔을 입고 자랑하러 나간 것처럼 그렇게 어른답지 않은 행동을 한번 해보았다. 기분이 싫지는 않았다. 다른 이들이 얼마나 이상하게 생각했을까. 꼭두새벽부터 새벽예배 시간에 등산복을 입고 내외가 나란히 앉아있는 모습을 보면서. 그것도 금세 상표 뗀 것 같은 새 옷으로. 그러나 개의치 않았다. 추운 새벽을 따뜻하게 할 수 있도록 보온이 된 그 옷이 참 맘에 들었다. 아이들의 배려가 고마웠다. 우리들이 마련한 옷이었으면 새벽부터 입고 나가지 않았을 게다.

그 아이들은 멀리 태평양 건너에 살고 있지만 곁에 있는 것처럼 따듯함이 전해오는 것 같다. 그 옷을 입고 멀리 있는 그들을 위해 하나님께 간절히 기도하며 하루를 시작한다. 수은주가 많이 내려갔지만 그들의 사랑으로 감싼 몸은 따뜻한 봄날처럼 포근하다.

옷에서 전해지는 포근함보다 더 따뜻한 것은 마음 한 곳에서 전해지는 평안이다. 올해 성탄 선물은 긴 유학 생활 중에 큰아이가 가정을 이룬 것이다. 항상 아쉬움으로 가득했던 성탄, 모처럼 더 감사한 마음으로 성탄을 보냈다.

알밤

'띵~동~' 대문 벨이 울린다. 수화기를 들어 문 열림을 누르고 화면을 보니 남편이었다. 아침 일찍 친정 남동생과 함께 알밤을 주우러 갔다 오는 길이다. 세 시간이 지난 후 현관문을 열고 들어오는 남편의 얼굴에 함박웃음이 가득하다. 가져간 시장 가방을 받아드니 묵직했다. 신문지를 거실에 펴고 밤을 쏟았다. 소담스러운 모습이 먹음직스럽다. 밤알이 아주 굵었다. 밤은 여러 번 보았지만, 산에서 직접 주어온 것은 오랜만에 보는 것이라 느낌이 신기했다.

모처럼 추석 연휴라 남편이 시간을 내어 남동생의 일정에 합류한 것이다. 늦으면 사람들이 모두 주어가기 때문에 아침 일찍 가야 한다고 식사도 거르고 따라나섰다. 배고픈 것을 못 참는 남편인데 그래도 간 것을 보면 마음이 끌린 것 같다. 거기다 알밤도 흡족하게 주어 왔으니 아주 기분이 좋아 보였다. 옆에서 보는 나도 덩달아 좋으니 말할 것도 없겠지.

어린 시절 이맘때가 생각난다. 고향의 동구 밖에 밤나무 두둑이 있었다. 길옆에 있는 것이어서 아침 일찍 가서 줍는 사람이 임자인 셈이다. 알밤은 아침 일찍 가면 밤중에 떨어져 풀숲에 갈색빛 알몸을 드러낸 채 누워있다.

작은 소쿠리를 가져가 그곳에 알밤을 주워 담는 기분은 지금 생각해도 얼마나 신이 났는지 웃음이 절로 난다. 누가 올까 봐 이쪽저쪽 살피며 민첩한 손놀림이 시작된다. 밤새 내린 아침이슬이 발목을 적셔도 아랑곳없다. 풀을 헤치며 밤을 줍고 나면 그때야 눈을 비비며 나오는 아이들이 있다. 알밤이 담긴 소쿠리를 바라보는 그들에게 미안한 생각도 들었다. 몇 개 주고 오면 될 것을 그때는 주지 않고 그냥 왔는지. 지금 생각하니 참 철이 덜 들었던 것 같다. 어린 마음에 내가 주운 것이라는 생각에 나눔의 정을 헤아리지 못한 것 같다.

알밤은 밤가시로 둘러싸인 껍질 속에서 익을 때까지 다른 이들이 손을 대지 못할 만큼 두려움의 대상이다. 가을이 가까워 오면 영글어

스스로 가시 속에서 벌어져 밖으로 나와 사람들의 먹거리가 된다. 마치 우리 부모님이 우리를 보호하는 것처럼 밤가시도 알밤을 보호하기 위해 긴 시간 비바람과 더위를 견디며 지낸 것이다. 그런 추억 속에 있던 알밤이 눈앞에 있으니 문득 이미 세상에 계시지 않은 부모님 생각이 물밀듯이 밀려온다. 살아계시는 동안 평생을 자식을 위해 희생하신 두 분의 모습에 목이 멘다. 더 좋은 것, 맛있는 것은 모두 자식에게 주시고 자신은 알밤이 쏙 빠진 빈 껍질처럼 삶을 살다 가신 분이다.

내가 나이 들고 자식을 낳아 길러 결혼시켜 가정을 이루게 하고 보니 부모의 마음을 조금은 이해할 것 같다. 늦게 깨닫고 부모는 계시지 않으니 때늦은 후회만 마음에 가득하다. 지금은 효도하고 싶어도 옆에 계시지 않으니 허공에 대답 없는 메아리가 된다.

알밤을 고른다. 벌레 먹은 것, 썩은 것은 버리고, 굵은 것, 작은 것은 깨끗이 씻어 보관하고 일부는 삶아 내 나름대로 생각해낸 요리를 한다. 삶은 밤을 잘라 속을 파낸 다음 그 속을 으깨어 꿀과 함께 버무려 다식판에 찍어 밤다식을 만든다. 정성 들여 찍어낸 다식을 냉동실에 보관했다가 손녀딸이 할머니 집에 오면 간식으로 내어줄 것을 생각하니 벌써부터 맘이 설렌다. 부모님의 온갖 희생을 따라갈 수 없지만,

흉내라도 내며 남은 삶을 가꾸어가는 지혜가 필요한 하루였다. 부모님이 옆에 계셨으면 알밤으로 만든 다식을 드시며 얼마나 좋아하실까.

분무기

뜰 옆 수돗가에 주황색 분무기가 엉거주춤 서있다. 올 들어 화초에 소독을 자주 하지 않아 여름을 그곳에서 보냈다. 수돗물을 사용할 때 튀는 물방울에 젖지만 원망 없이 쓸쓸히 바라본다. 날이 추워져 빈들에 홀로 서 있는 허수아비처럼 애처롭다. 쓸모없어 버린 고물로 방치한 것은 아닌지 마음이 쓰인다. 그 분무기는 회갑 때 막내가 보내준 생일선물이다.

몇 년 전 새벽기도 다녀왔을 때 거실에 키가 큰 포장지에 싸인 것이 보였다. 남편에게 물으니 막내에게 온 소포라고 했다. 포장지 겉 그림으로 보아 분무기 같았다. 포장지를 뜯자 빨간 소화기처럼 생긴 3리터

용량의 분무기가 들어 있었다. 집에 식물을 많이 키워 1리터 분무기로는 여러 번 약을 타야 하는 번거로움에 늘 좀 더 큰 분무기가 있었으면 하는 바람이 있었다. 스테인레스스틸로 된 것은 너무 커서 구입하지 못하고 아쉬워하던 차에 아주 적당한 것을 선물로 보냈다.

분무기를 꺼내 어깨에 메었다. 팔에 잘 안기는 것이 마음에 꼭 들었다. 뚜껑을 열어 물을 담아 꽃밭과 화분의 꽃에 직접 뿌려 보았다. 1리터 분무기로 할 때보다 훨씬 더 많은 양을 뿌릴 수 있어 실용적이었다. 용량이 커 어깨에 매달려 힘겨운 듯했으나 괜찮았다.

타국에서 고된 비행 훈련을 받으며 회갑 선물로 보낸 것인데 너무 마음에 들었다. 어떤 선물보다 내 마음을 헤아리는 막내아들의 그 섬세함이 고맙고 감사했다. 맑은 물속을 들여다보면 다 보이는 것처럼 그렇게 내 속내를 보는 것 같아 신기했다. 어느 누가 분무기를 선물로 보낼 생각을 할까. 곤충 마니아였던 그 아이는 꽃을 좋아하는 엄마 마음을 읽을 줄 알았다.

막내는 내가 초등학교 교직생활을 마감하고 집에서 생활할 때 낳은 아이다. 생각하면 나와는 셋 중에 어릴 때 가장 많은 시간을 함께 지내며 자란 셈이다. 쌍둥이 형제는 돌 지나고 내가 집으로 이사 와 떨어져 지낸 시간이 일 년이 넘는다. 그러나 막내는 자라는 동안 다 곁에서 보고 키워 더 정이 많이 간다. 늘 '아가'라고 부르며 함께 지낸 시간들이 많다.

어렸을 땐 잘 체하여 어른들 하던 방법으로 등을 두드렸다. 그리고 팔을 두 손으로 쓸어내리고 바늘에 실을 꿰어 엄지손가락 끝부분을 감아 따 주었던 일이 여러 번 있었다. 어릴 때 친정어머니가 내게 하던 것을 그대로 따라 했다. 그때마다 막내는 눈물 흘리며 '꼬매지 말고 따지마.'라며 겁에 질려 크게 울었다. 어느 땐 열이 37.8도까지 올라 나를 놀라게도 했다.

식성이 좋아 포동포동하여 몸이 접히는 부분마다 살이 물러 파우더를 많이 발라주었다. 잠들 때는 잠투정이 심해 30분씩 울었고, 그때마다 나는 자장가, 찬송가, 명곡을 여러 차례 아이를 업고 달래주었다. 그렇게 내 정을 주며 키운 아이라 더 각별한 데가 있다. 남들은 딸이 없다고 나를 많이 놀린다. 그러나 어느 딸 못지않게 세심한 배려와 상대방의 마음을 읽을 수 있는 혜안이 막내에겐 있다.

막내가 수돗가에 방치된 분무기의 모습을 보면 얼마나 서운할까. 내일은 분무기를 깨끗이 닦아 이층 공간에 석곡, 풍란과 함께 겨울을 지내도록 해야겠다. 살아가며 쓸모없다 방치하는 것은 내 주변에 얼마나 많은지. 나 또한 수돗가 옆에 서있던 분무기 같은 삶은 아니었는지.

늘 처음의 그 마음으로 주어진 것을 가꾸고 사랑하며 살아야 하지 않을까.

겨울이 오기 전에 분무기가 물에 얼어붙지 않게 막내의 마음과 사랑을 가득 담아 내가 좋아하는 꽃에 물을 주리라.

동행

매주 화요일과 목요일은 남편과 함께 취미생활을 하는 날이다. 집에서 가까운 생활 댄스 교실 초급반에 나간다. 늘 생활이 분주해 관심이 별로 없었다. 퇴직 후 처음 시작한 동행이 쉽진 않다.

지난해 체육관에서 하는 스트레칭을 남편과 함께 다녔다. 어느 날 남편은 옆 교실에서 음악에 맞춰 춤을 추는 것을 지나가다 보았다. 그것이 무척 재미있어 보였나 보다. 내년에는 신청해서 한번 해보자고 제안했다. 새해 1월 수강생 모집에 일찍 접수해 다행히 수강하게 됐다.

첫 시간에 수강한 사람들은 남자는 대부분 공직에서 정년퇴직하신 분들이었다. 기초 동작을 모르는 사람은 별로 없는 것 같았다. 우리 내외가 많이 미달됐다. 생전 처음 하는 것이니 그럴 수밖에. 그래도 열심히 따라 했다. 머리와 몸이 따로따로 움직인다. 거기다 집수리할 때 연거푸 3회 불참했다. 기초 동작을 배우는 과정에 빠졌으니 남편과 나는 계속 헤매었다. 그것까지는 좋은데 서로 잘 안 되니까 마음이 상해 말소리가 높아진다. 서로 틀렸다고 지적을 하는 것이다.

처음이라 호기심도 생겼다. 그리 흥미 있는 것도 아닌데 즐겁게 생활하러 온 것이 서로 스트레스를 받는다. 마음에 갈등이 생긴다. 그것으로 수강으로 화요일 목요일은 누구와 점심 약속도 못 하고 있다. 또한 시간도 오후 1시 30분이니 어중간해서 집안일도 하다 마는 꼴이 된다. 괜히 시간 낭비하는 것은 아닌지 의문도 생긴다. 그래도 멈추지 않고 배우고 있다.

두 달 가까운 어느 날 댄스를 시작하기 직전이었다. 우리 내외의 모습이 무척 보기 안타까웠나 보다. 함께 수강하는 지인 한 분이 나에게 이렇게 말했다.

"아주머니는 왜 처음부터 못하는 사람과 짝을 해서 속을 썩이셔요?" 라고 말한다. 나는 소리 내어 크게 웃었다. "제 남편 이예요." 깜짝 놀란다. "그래도 이렇게 함께 오시니 얼마나 좋으세요." 하면서 자기 남편 이야기를 했다. 5년째 투병 중이라고 하면서, 자신도 노인복지관에서 처음 배울 땐 우리와 똑같았다고 격려했다. 그러면서 1년쯤 지나면 좀 나아질 거라고 위로했다. 평생을 드나들던 직장과는 또 다른 세계에서 새로운 인생을 배운다.

이제 두 달째 접어들었다. 우리 내외의 실력이 뒤처진다. 다른 이들은 모두 잘하는 것 같다. 쉬는 시간에 얘기를 들으니 몇 번씩 다닌 사람과 다른 곳에서 배운 사람, 여러 부류였다. 그렇게 계속해서 다닌 이들이 대부분이다. 그러니 우리 내외처럼 처음 배우는 사람들은 어찌 헤매지 않을 수 있는가. 난 댄스에 맞는 구두도 새로 맞췄지만 그와 관계없이 남편에게 그만두면 어떻겠냐고 물어보았다. 대답을 하지 않는다. 처음이라 그러니 더 견디어 보자는 것이다. 타인들의 시선도 있고, 난 갈등이 생긴다. 어떻게 할까.

수강하는 날 남편이 아침에 서예 교실에 갔다. 점심상을 차려놓고 기다리니 12시가 넘어도 오지 않았다. 기다리다 오늘은 댄스교실 가지 않으려나 생각했다. 그러나 12시 30분쯤 대문 소리가 났다. 서예 교실에서 지인들과 함께 식사를 했단다. 댄스교실 가려고 부지런히 왔다고 했다. 난 마음으로 더 늦게 오기를 기다렸다. 가지 않았으면 하는 마음에서였다.

부지런히 점심을 먹고 남편과 함께 댄스교실로 가며 이런 이야기를 했다. 즐겁자고 배우는 것인데 서로 다투면 스트레스를 받으니 싸우지 않게 조심하자고 했다. 남편도 웃으면서 대답했다. 그날도 서툰 동작으로 몇 번씩 틀린 것을 반복하며 선생님의 지도를 받았다. 부끄러움을 동반하며.

함께 나이 들며 동행하는 우리의 귀갓길에 명자나무의 흰 꽃이 봄바람에 하늘거리며 방긋 웃는다.

하피 벌스데이

“하피 벌스데이 투 유/ 하피 벌스데이 투 유/ 하피 벌스데이 디얼 마이 그랜마/ 하피 벌스데이 투 유” 어설픈 발음으로 조심스레 노래한다.

“할머니 생신 축하드려요.”두 손을 모아 하트를 그린다.

두 손녀의 생일 축하 노래가 카톡으로 스마트폰에 동영상으로 떴다. 큰손녀는 앞니가 빠져 미운 일곱 살의 모습이 역력히 드러난다. 난 연신 화살표를 눌러 다시 보기를 계속한다.

며칠 전에 생일이 지났다. 전날 남편은 생일을 잊었는지 저녁때가 되어도 케이크 살 생각을 않았다. 할 수 없이 저녁에 성가 연습 가는 승용차 안에서 내일이 어떤 날인지 확인했다. 남편은 깜박한 듯했다.

얼른 미안하다고 말했다. 연습 끝나고 오는 길에 살까. 10시가 넘으면 상점을 닫을 텐데. 내가 제안했다. 연습 전까지 남는 시간에 교회 옆 마트에 가서 구입하겠노라고 했다. 남편은 곧 회의에 참석해야 한다며 거기에 하나 더해 커피까지 구입해 오라는 부탁까지 했다.

마트 제과점 앞에서 케이크를 고르며 만감이 교차했다. 지난해까지는 둘째가 같은 청주에 살아 케이크는 늘 준비했다. 첫째는 타국에 살고, 막내는 운항승무원으로 근무하니 시간이 여의치 않다. 지난 3월 둘째네 가족이 유학을 떠나고, 법정 노인 대열에 접어든 우리 부부와 90세인 시어머니 셋이서 사는 초고령 가정이 된 셈이다. 씁쓸하다.

결혼했을 때 몇 년은 남편과 시어머니도 내 생일은 별로 염두에 두지 않았다. 더 신기한 것은 시어머니는 남편 생일은 모 심을 때라면서 음력 4월 29일 날짜까지 기억했다. 매우 서운했다. 내가 생활하던 친정과는 달랐다. 친정어머니는 추석이 지나고 생일이 되면 꼭 풋콩을 넣은 햅쌀밥과 미역국을 끓여주셨다. 많은 세월이 흘렀어도 어머니가 소박하게 차려주던 생일상은 잊히질 않는다. 따끈한 사랑이 봉긋한 사발에 가득 담긴 모습까지.

그 이후에는 달력에다 빨간 동그라미를 그려놓고 내 생일이라고 큼직하게 써 놓았다. 그리고 관찰했다. 그래도 별 반응이 없었다. 자꾸

잊는듯했다. 하긴 자기 생일도 잊고 사는 사람이니 그럴 수도 있었겠지만. 한 해는 속상해서 아침에 미역국을 끓여주었다. 그래도 몰랐다. 그날 저녁을 먹으며 오늘이 내 생일이라는 말을 했다. 옆구리 찔러 절 받기를 한 셈이다.

40년 가까이 살면서 생일을 기억해 준 것은 몇 번 되지 않는다. 대부분의 남편들이 그렇지는 않을 것이다. 조금만 마음 쓰면 되는 것을 하지 못하니 그것이 여자와 다른가 보다. 그렇다고 남편이 나를 미워하거나 무관심하다는 생각은 하지 않는다. 남편의 성향이기 때문에 이제는 모두 초월하고 산다. 내가 이해를 하지 않으면 누가 이해를 한단 말인가.

생일날 남편과 둘이 케이크에 불을 켰다. 두 노인이 앉아 생일 노래를 부른 후 촛불을 끄고 손뼉을 쳐서 축하를 했다. 조금은 쑥스럽고 덤덤한 아침이었다. 더한 것은 아는 지인 장례식장에서 점심 식사를 했다. 이 나이에 이것저것 따질 것도 없고 편한 대로 살아가기로 마음먹었다. 나이 들며 복잡한 것은 싫으니 그렇게 합리적으로 변해가는 나를 발견한다.

이러던 차에 손녀딸의 동영상은 내 마음 허전한 곳을 꽉 채워준다. 어린 것이 벌써 커서 그동안 영어 배운 것을 생일 축하 노래로 실습을 한 셈이다. 이곳에 있을 때는 '해피 버스데이'로 노래했는데 '하피 벌스데이'로 노래한다. 6개월 동안 낯선 이국에서 적응하느라 매우 힘들었을 텐데, 참 대견하다.

길이 막혀

모처럼 일주일 동안 LA에 있는 아이들과 시간을 함께 보냈다. 어느새 바람처럼 지나갔는지 귀국 준비를 하는 날이다.

아침부터 일찍 일어나 짐 정리를 했다. 넓은 바다가 보이는 숙소 앞에서 기념사진을 찍는다. 어린 손녀 둘과 모두 여덟 명의 대가족이다. 막내는 직장 일로 먼저 귀국했다. 참 오랜만의 시간을 가정을 이룬 아이들과 함께 보냈다. 늘 사는데 좋은 일만 있으란 법은 없는지 마지막 날 돌발 상황이 발생했다. 더구나 그 다음날은 친정 큰조카 결혼식 날이다. 남동생의 집의 개혼인데.

모든 일정을 마치고 LA 공항으로 가는 길이다. 갑자기 검은 구름이 하늘을 가린다. 끝이 없이 넓게 펼쳐지는 들과 나무 없는 산에 소나기가 내린다. 다섯 시간을 달려왔는데 갑자기 차가 밀린다. 거북이처럼 느릿느릿 승용차와 대형 트럭이 줄을 이어 기어간다. 어스름이 내리기 시작한다. 올 것이 온 것처럼 많은 차들이 교통경찰관의 지시에 따라 되돌아간다.

큰아이는 차를 잠시 멈추고 알아본다. 갑자기 내린 홍수로 산사태가 나서 200여 대의 차가 흙더미에 덮쳤다고 검은 얼굴을 한 거인 같은 경찰관이 말한다. 눈앞이 캄캄하다. 가슴이 철렁 내려앉는다. 공항까지 가려면 몇 시간 정도 남지 않았는데 기막힌 것은 LA로 들어가는 길이 막혀 돌아가려면 10시간이 걸린다고 말한다.

그렇게 되면 예약한 비행기 표는 다시 바꾸어야 한다. 아이들이 수소문하여 연락하니 그 다음날 12시라고 말한다. 어쩔 수 없는 포기였다. 문제는 내일 새벽에 도착하여 조카 결혼식에 참석한 일정이 쪼개지고 만 셈이다. 어쩔 수 없는 일이다. 결혼식 전날 귀국 일정 잡자고 한 것을 남편이 어기고 하루를 늘린 셈이었다. 이왕 아이들 보러 갔으니 하루라도 더 있다 오자고 했다. 누가 이렇게 될 줄을 알았던 말인가. 괜히 남편이 원망스러웠다.

문제는 이뿐만이 아니었다. 어머니 돌보는 것도 이웃에 계신 분께 다시 어렵게 전화를 드려야 했다. 나는 마음이 불편하여 가슴이 조여드는 것 같다. 다 소용없는 일인데 속상했다.

모두 다시 다른 길을 찾아가는 차들로 큰길은 불꽃이 가득 피었다. 차 안에서 잠을 자야 할 상황이 되었다. 아이들의 마음이 얼마나 불편할까. 모처럼 효도 한번 하려고 한 것이 마지막에 이렇게 되었으니. 삼 형제는 서로 연락하여 비행기 표도 바꾸어 놓고 숙소도 여기저기 스마트폰을 들여다보며 찾느라 여념이 없다.

난 느리게 가는 차 안에서 7일 동안 아이들과 함께 했던 시간들을 하나하나 꺼내본다. 세상과는 두절된 깊은 산속에서 만난 자연. 숙소 방문 앞까지 와서 어린 손녀가 주는 먹이를 가지고 가서 먹는 아기너구리. 사람의 손에 있는 먹이를 먹는 사슴. 실감 나지 않는 자연 속에 푹 빠져 버린다. 은하수와 별들이 반짝이는 밤하늘 아래 가족들과의 만남. 그동안 마음엔 담아두었던 실타래를 하나하나 풀며 산속의 밤은 깊어갔다.

이런 생각에 잠겨있을 때 큰아이 처가 숙소를 겨우 찾게 되었다. 다행히 방 셋을 구할 수 있게 되어 우리 거리 100리가 되는 곳까지 가서 여정을 풀었다. 그곳에는 우리처럼 길을 멈춘 사람들이 대부분이었다. 숙소는 을씨년스러웠다. 인도 여인이 열어주는 방에 들어서니 바퀴벌레가 기어가고 있다. 그나마 이런 곳이라도 있으니 다행이다.

길이 막혀 3형제가 함께 나눈 결속력은 보기 좋았다. 그리고 대견했다.

12월의 추억

12월에 접어들며 눈이 자주 내린다. 흰 눈이 내리면 하순에 가깝게 있는 크리스마스가 어린 시절의 기억을 부른다. 우리 집 뜰에 단풍이 물들고 지는 것이 여러 번 지속됐다. 미처 지지 못해 마른 잎으로 변한 잎새 위에 하얀 눈이 듬성듬성 쌓였다. 유년의 기억은 아직도 그때를 잊지 못해 이해의 끝자락이 되면 마음 밭에서 꿈틀거린다.

초등학교 5학년 때였다. 그해 저녁은 해 저무는 12월이었다. 친구들과 집에서 멀리 떨어진 시내 현대극장에서 영화 구경을 했다. 우리 또래보다 몇 살 더 많은 친구가 제안해 나와 친구 몇몇은 버스도 잘 다니지 않는 분평동에서 학교가 끝나고 걸어 극장까지 간 것이다.

컴컴한 극장 안은 생전 처음 가보는 곳이라 더듬거리며 친구들과 옆으로 빈자리를 차지했다. '대한 뉴스'부터 시작되더니 흑백 화면이 나타났다. 영화 내용도 제대로 알지 못하고 태극기와 이승만 박사만 생각이 난다. 나름대로 열심히 보고 영화가 끝났을 땐 주변에 어둠이 내리고 있었다. 그러나 도심지는 캐럴과 전깃불로 거리의 어둠을 밝히고 있었다. 친구들은 극장에서 나와 남다리(꽃다리)까지 함께 걸었다. 그곳에서 뿔뿔이 자기 집을 향해 가기로 했다. 우리 집은 시골이라 시내에서 4km도 훨씬 넘는데 걱정이 되었다. "어떻게 집에 가지?" 나만 방향이 달랐다. 할 수 없이 함께 갔던 깻묵 공장 근처에 사는 친구가 자기 집으로 가자고 했다.

잔뜩 긴장한 가운데 따라간 친구네 집. 그날따라 친구 아버지께서 편찮으셨다. 친구 마음과는 달리 식구도 여럿이었고 편찮으신 아버지 때문에 어수선한 분위기가 묵어갈 곳이 아니라는 것을 철이 덜 든 나였지만 직감으로 알 수 있었다. 친구 어머니는 "그냥 가게 해서 미안하구나. 조심해서 가거라." 하며 안타까운 마음으로 말씀하셨다. 나는 두려운 마음에 두 주먹을 세게 쥐었다. 그리고 발길을 옮기기 시작했다.

12월의 밤길은 어두웠다. 마을 앞을 지나올 때 사람들의 소리가 났지만 마을을 벗어나 산길과 들길을 갈 생각을 하니 자꾸 무서워졌다. 우리 집까지 가려면 산길을 거쳐 또 성황당을 지나야 했다. 난 정신없이 걷기 시작했고 등에서는 진땀이 흘렀다.

마을 중간쯤 지날 때 쑥골방죽 언덕에 서 계시던 아저씨가 나를 보며 혼자 밤길 가는 것이 안타까웠는지 "어디까지 가느냐."라고 물으셨다. "탑꼴까지 가요." 내 말을 들은 아저씨는 "밤길이니 내가 성황당 고개 넘어까지 바래다줄게." 하시며 동행해 주셨다. 두려움에 어쩔 줄 모르던 난 조금은 안심이 되었다.

아저씨는 쑥골방죽 안뜸에 사신다고 하셨다. 아저씨와 함께 가는 길은 무섭지 않았다. 함께 이야기하며 걷다 보니 어느새 성황당에 도착했다. 성황당 고갯마루를 넘자 교회와 우리 집 근처에 희미한 불빛이 보이기 시작했다. 아저씨가 함께 계시니 무섭지 않았다. 아저씨는 성황당 고개 넘어까지 나를 바래다주고 가셨다.

"꼬불꼬불 산골길 혼자 걸어도 주께 기도드리면 무섭지 않네~." 큰 소리로 찬송 동요를 부르며 불빛 흐르는 집으로 부지런히 걸었다. 뒤도 돌아볼 사이도 없이 걸음이 자꾸 빨라졌다. '탄일종이 땡땡땡' 집 근처 교회에선 크리스마스 준비가 한창이었다. 그때 교회 언저리와 마을엔 저녁연기가 자욱했다.

어린 마음에 자리한 믿음, 그 믿음이 있었기에 50년이 넘게 흐른 오늘까지 그날 저녁을 잊을 수 없다. 그리고 나를 바래다준 아저씨가 가끔 생각난다. 지금 생각하니 그 아저씨는 신께서 보내주신 천사셨다.

그해 여름

어제저녁 굵은 소낙비가 내렸다. 오랜만에 내린 단비라 마음까지 흡족하다.

여름 장마철이 되면 내겐 잊을 수 없는 기억이 있다. 그것은 어디 감추었다 내놓은 물건처럼 노년에 접어들어도 생생하게 생각난다.

어린 시절 어머니는 집 근처 연자방아 돌판이 있는 도랑에서 작은 빨래를 주로 하셨다. 그럴 때면 빨래방망이를 들고 엄마 뒤를 졸졸 따라나섰다. 그곳에 가면 맑은 물에 손을 담그고 놀 수 있기에 장난감이 없었던 시절 내겐 유일한 낙이었다. 어머니가 빨래하는 동안 난 꽃무늬 코 고무신을 벗어 물을 채운다. 조약돌과 모래가 깔린 그곳에서 움직이는 모래무지 새끼를 손으로 움켜 넣고 들여다보며 노는 것이 재미있었다. 그것은 시골 소녀의 마음을 사로잡았다.

초등학교 3학년 여름방학이 다가올 무렵 비가 많이 내려 도랑물이 많아졌다. 물이 어느 정도 빠진 후 동네 근처의 봇도랑에서 얼개미로 작은 미꾸라지, 붕어, 송사리도 잡았다. 어느 땐 막 올챙이에서 개구리가 되고 있는 꼬리 달린 작은 개구리들도 얼개미 안에 들어있었다. 그럴 땐 얼른 쏟아 살려주었다. 비가 내리면 물고기 잡는 것이 재미있어 남자아이들처럼 신나게 돌아다녔다. 그렇게 작은 도랑에서 놀다가 차츰 집에서 10여 분 넘게 떨어진 개울로 고기 잡는 장소를 옮겼다.

그때는 막 여름방학이 시작되기 전이라 날씨도 매우 뜨거웠다. 그럴 때마다 시골에서는 개울에서 아이들이 주로 지낸다. 하루는 장마가 그치고 개울물이 불어났다. 물이 많이 내려가면 개울에도 물줄기를 따라 상류까지 물고기들이 거슬러 올라온다. 마을에는 얼개미를 가지고 개울에 나가 고기잡이를 하는 아이들은 물론 어른들도 있었다.

장마가 그치자 개울물이 황톳빛으로 바뀌었다. 황톳물에는 얼개미 속에 있는 물고기가 잘 보이지 않는다. 개울의 양옆 버드나무 아래는 물고기들이 숨어있고 가끔 물줄기를 따라 그곳으로 올라온다. 그럴 때 얼개미를 물 흐르는 방향으로 놓고 고기잡이를 한다. 물이 맑은 때는 둑에서 가만히 지켜보다 물고기가 올라오면 잡기도 했다. 가져간 무쇠 주전자에 피라미 몇 마리와 붕어 한 마리를 잡아넣었다. 개울 둑 아래 물고기가 숨을 만한 곳에 얼개미를 대놓고 고무신 신은 발로 구르고 얼개미를 들었다. 이때 상상할 수 없는 일이 벌어졌다. 좀 무거운 듯하여 들어보니 얼개미 안에 뱀이 들어 있는 것이 아닌가. 그 순간 난 얼개미와 주전자를 뿌연 황톳물에 내던지고 줄행랑을 쳤다. 얼마나 급하게 집으로 달려왔는지 고무신 한 짝은 어디로 벗겨져 없어지고 맨발이었다. 정신없이 뛰어오다 넘어져 무릎에 상처도 나 있었다.

숨이 차서 헐떡이는 내게 부모님은 왜 그러느냐 하시며 자초지종을 물으셨다. 나는 숨넘어가는 소리로 방금 있었던 이야기를 모두 털어놓았다. 어머니는 놀란 나를 괜찮다 하시며 찬물을 먹이셨다. 그리고 상처로 피나는 내 무릎에 처마 아래 매달아 두었던 솜처럼 보드라운 지칭개 꽃을 붙여 주셨다.

그 일 이후 난 한동안 개울에 가지 않았다. 다른 아이들은 미역 감는다고 풍덩풍덩 개울에도 잘 뛰어들어 물놀이도 즐기고 고기잡이도 하였지만 뱀에게 놀란 가슴을 안고 있는 내겐 그런 것들이 다 그림의 떡이 되었다. 그래서 언덕에 앉아 그 아이들의 노는 모습만 물끄러미 바라보기 일쑤였다. 어린 시절 개울에서 놀란 그 일이 여름이면 더 선명히 떠오른다.

3부

거꾸로 자라는 양배추

수선화가 필 때

주택 안은 아직 을씨년스럽다. 그러나 창밖엔 봄이 한창이다. 지난 해 곱던 단풍잎이 채 떨어지지 못해 바싹 말랐다. 가지에 붙어있는 마른 잎을 만지면 부스러질 것 같다. 그 틈새를 비집고 새순이 움튼다. 마른 잎새는 갈 곳이 없다. 새순이 자라면 자연스럽게 밀려 떨어질 테지만. 이맘때면 단풍나무와 세발 자전거, 막내에 대한 일상이 아지랑이처럼 핀다.

주말 오후다. 여유 있는 맘으로 뜰을 바라본다. 따스한 봄볕도 마당 안에 가득하다. 겨우내 추위에 말랐던 잎새 사이에 연한 새순이 돋는다. 봄의 소리가 들리지 않으나 여기저기에 봄기운에 맘이 설렌다. 단풍나무

앞에 발을 멈춘다. 언제나 변함없이 지난해처럼 잎이 바싹 말라 서로 겹쳐있다. 손을 대니 기다렸다는 듯이 떨어진다. 때 묻은 얼굴을 비눗물로 세수하듯 차례로 마른 잎을 따준다. 신기하다. 금세 단장한 신부처럼 가녀린 작은 가지들이 깨끗하다. 마른 잎을 제거하자 단풍나무 아래 있던 복수초에 따스한 봄빛이 내린다. 햇빛을 못 보아 봉오리만 봉긋하게 내밀고 입을 열지 못했었다. 이제 그늘이 없어져서 내주쯤에 필 것 같다.

여러 해 전 이른 봄 뜰을 청소했다. 단풍나무 가지에 붙은 마른 잎새가 눈에 거슬렸다. 손으로 마른 잎을 만지니 떨어지지 않는다. 가지까지 함께 딸려온다. 그 후 얼마 지났다. 겨울눈이 제법 커졌다. 막 새순이 트는 중이다. 그때 잎을 만졌다. 잎이 힘없이 떨어진다. 새순에 밀려갈 곳을 잃은 모양이다. 내 손으로 만질 때마다 잎이 모두 떨어졌다. 그 후부터 난 기다렸다. 뜰의 수선화 꽃이 노랗게 필 때 마른 잎은 내 손놀림에 자연스럽게 따라왔다.

우리 쌍둥이가 걸음마를 막 시작할 때다. 남편은 서울 출장 다녀오는 길에 빨간 세발 자건거 1대를 사 왔다. 쌍둥이 선물로 사온 것이다. 큰아이를 그곳에 앉히자 발이 발판 위에 잘 닫지 않았다. 자전거 타는 것은 불가능했다. 그냥 두 발로 보행기를 타듯 밀고 있었다. 남편은 기대하던 것과 어긋나니 눈빛이 달라졌다. “왜 못 타느냐?”라며 목소리까지 높였다. 아직 다리가 짧아 제대로 타지 못하는 것은 생각하지 않은 듯. 아이는 아무 말없이 긴장된 얼굴에 눈물이 맴돈다. 그 모습을 보며 속이 상했다. 어린것이 얼마나 맘이 편치 않았을까. 이듬해 아이는 빨간 자전거를 제법 신나게 타고 놀았다. 자전거 탈 때가 된 것이다. 그동안 다리가 더 자라서.

막내는 긴 시간을 거쳐 노력하여 지금의 일터를 갖게 됐다. 그 과정은 본인도 매우 힘들었다. 그 모습을 지켜보는 나 또한 힘겨웠다. 한 과정이 끝날 때마다 긴장의 연속이었다. 그렇게 4년 반의 긴 시간이 흐른 후 자신의 목표를 이루게 되었다. 즉 때가 된 것이다.

자연, 사람, 모든 사물엔 때가 있는 법이다. 자연과 사람의 때는 약간의 차이가 있다. 자연은 사계절의 변화와 더불어 때가 오게 된다. 사람은 어느 성장 과정까진 때가 있지만 성장 후에는 자신의 노력이 따르지 않으면 목표를 이루기 어렵다. 끈질긴 노력이 있어야 좋은 열매를 때를 맞춰 얻을 수 있는 것이 아닌가.

사람들은 기다림 없이 결과만을 보기 원한다. 사람들의 욕심으로 인해 때로는 서로 마음이 불편해진다. 또한 불쾌한 말도 오간다. 그렇지만 슬기롭게 노력하고 기다리는 이에게 때는 오는 것이다. 수선화가 필 때 지는 마른 단풍잎처럼.

겨울에 핀 꽃

창밖엔 눈이 내린다.

추위도 아랑곳없이 석곡과 키르탄사스가 거실의 한 곳에 곱게 피었다. 겨울에 핀 꽃을 보니 이른 봄을 맞이한 것처럼 마음이 설렌다. 그것은 아마 내 손길이 가득 담겨 있기에 더 사랑스러운가 보다. 그들은 은은한 향기와 더불어 고운 눈웃음으로 나를 반긴다.

거실의 한 모퉁이에서 우리 가족들과 더불어 겨울을 보내는 꽃들이 내겐 자식처럼 애틋하다. 가끔 사진도 찍어주고 스마트폰에 간직해 귀여운 손녀들처럼 사람들에게 자랑도 한다. 은연중 내 분신이 된 것 같다. 아무 말없이 맑은 물과 고운 눈길, 그리고 부지런한 손길을 주었을 뿐인데 이렇게 고운 꽃을 피우니 얼마나 기특한가.

12월의 된서리가 내릴 때 밖에서 집안으로 들여놓았다. 이층의 사용하지 않는 주방 공간은 꽃들이 휴면하기에 안성맞춤인 곳이다. 꽃은 거의 그곳에 있는데 꽃대가 올라온 몇 분을 아래층 거실로 가져왔다. 좀 더 가까운 곳에서 자라는 모습을 보고 싶어서였다. 창가 옆에 두었다 피아노 위에 올려놓았다 여기저기로 옮겨 다니며 어느덧 봉오리를 열었다. 온실이 있으면 좋으련만. 주택 이곳저곳을 헤매며 꽃을 피우자니 얼마나 그 삶이 고달팠을까.

나름대로 주택에서 여름 햇빛에 강하게 자라 겨울이 되어도 꿋꿋하게 잘 견디어내고 있다. 꽃과 난 실과 바늘처럼 함께 다닌다. 피아노를 치고 싶을 땐 피아노 위에, 집안일을 하다 안방에서 쉴 땐 안방으로, 식사할 땐 식탁으로 어린아이처럼 데리고 다닌다. 마치 맹모삼천지교처럼. 남편은 별 관심 없이 내 모습을 그냥 멍하니 바라본다. 남들이 남편을 그렇게 극진히 섬기면 열녀라고 하겠지만.

무명素心 석곡이 맑은 모습으로 듬뿍 피었다. 아주 적은 몇 촉 되지 않았던 꽃이었는데 10여 년을 넘게 키우다 보니 제법 보기 좋은 포기가 되었다. 딱딱한 마사에 뿌리를 내리고 하얀 화분에서 학처럼 핀 모습이 마치 하늘에서 내려온 선녀처럼 눈부시다. 참 사랑스럽다. 그렇게 꽃을 피우기까지 참 오랜 시간이 걸렸다. 해외로 여행을 할 땐 다른 사람에게 부탁해 시들지 않게 내 자식처럼 키웠다. 이젠 그 긴 날들이 차곡차곡 쌓여 조금씩 기쁨을 주고 있다.

처음엔 야속하게 꽃도 피지 않아 애태움도 많았고 조급한 마음에 꽃들을 많이 힘들게도 했다. 이젠 그 기다림이 고운 꽃으로 내게 보답하고 있다. 눈길 돌리는 곳마다 분홍빛, 흰빛, 연분홍빛 꽃들이 피어 내 마음을 사로잡는다. 그 모습을 보는 맘이 넉넉해진다. 많이 가진 것 없어도 마음의 여유를 누린다. 말없이 살아서 함께 소통하니 얼마나 즐거운가.

나와 지난 시간 직장생활을 같이 했던 동료들에게 소식을 전하게 되면 그 꽃 사진을 곁들여 보낸다. 함께 보냈던 시간들을 돌아보고 그리움으로 지난 시절을 마음에서 바라볼 수 있기에. 세상이 삭막하다고 삶도 그렇게 살 수는 없지 않은가. 밍크코트가 없고 보석 반지를 손가락에 끼지 않았어도 마음을 넉넉하게 해 주는 꽃이 내 곁에 있기에 나는 행복하다.

소심 석곡을 피아노 위에 올려놓고 바라본다. 우리 아이들이 좋은 성적을 받아와 기분 좋았던 때처럼 마음에 새 힘이 솟는다. 무엇이든 마음을 다하고 뜻을 다하면 못 이룰 것이 무엇이란 말인가. 변함없는 나날의 지루함을 깨끗이 씻어주는 겨울에 핀 꽃으로 마음에 새 다짐을 해본다.

거꾸로 자라는 양배추

식탁 중앙엔 둥근 양배추가 놓여있다. 어미 몸에 붙어 싱싱하게 자라는 양배추의 어린 싹들이 한겨울에 내 시선을 끈다. 겨울에 봐 더 신기하다. 혼자 보기 아쉬워 그 모습을 담아 친구와 지인에게 '카톡'으로 날린다.

한 달 전 육거리 시장에서 1000원 주고 구입한 양배추를 차일피일 미루다 해 먹지 못했다. 김치냉장고 야채박스에 있던 것을 냉장고 밖으로 꺼내 놓았다. 많이 시든 떡잎을 벗겼다. 굵게 드러난 양배추의 줄기가 보였다. 그렇게 방치했던 양배추를 또 해 먹지 못하고 일주일이 지났다.

그런데 이상한 일이 생겼다. 엎어놓은 양배추 굵은 줄기 떡잎 벗겨낸 자리마다 자잘한 싹이 돋았다. 똑바로 세우면 쓰러져 엎어 놓은 것이다. 분명히 양배추가 거꾸로 놓인 곳에서 나온 싹은 모체의 반대 방향인 위로 자라기 시작했다. 그 모습이 하도 신기하여 관심이 생겼다.

싹들이 싱싱하게 자랄수록 양배추 모체는 밖의 잎부터 종잇장처럼 말라간다. 손으로 만지니 바스락거리며 부서진다. 작은 싹들이 어미의 양분을 빨아먹고 자라니 쇠약해지는가 보다. 마치 어미 살을 먹고 자라는 논우렁이 새끼 같다. 어린 양배추들이 자라는 모습은 연한 녹색 화분에 초록빛 어린 싹을 여러 포기 모아 심은 듯 소담스럽다. 이 생명이 언제까지 지속될지는 모르지만 다하는 날까지 보아주련다.

말라가는 양배추의 원래 모습을 보며 많은 생각에 잠긴다. 식물이지만 우리 인생의 삶을 많이 닮은듯하다. 그래서 더욱 관심이 가는 것은 아닌지. 옆에 두고 만져보기도 하고 쳐다보기도 한다. 말라 가는 잎을 하나씩 떼어낼 때마다 어린 싹은 또 돋아난다. 원래는 반대로 자라야 정상인 것인데 양배추를 엎어 놓았기 때문에 거꾸로 자라는 것이다.

처음에 야채박스에서 꺼낼 때는 좀 시들었지만 그래도 촉촉했다. 이젠 자신은 쇠하여가며 어린 자식을 키우는 어미처럼 그렇게 말라가는 모습에 연민이 생긴다.

식물도 이런 희생을 통해 어린 싹을 키운다. 양배추 역시 잎이 떨어져 나간 부분에서 새 생명이 탄생한 것이다. 생명의 경이로움, 사람이나 사물 모습만 다르지 근본적인 것은 모두 같은 것을 육안으로 확인한다.

육십 평생 처음 보는 광경이다. 곁에 두고 신기한 눈으로 바라보며 한겨울의 식물 놀잇감이 된 것이다. 두 손으로 만져본다. 볕을 따라 장소도 옮겨본다. 물을 주지 않아도 싱싱하다. 어미는 새끼들에게 수분을 빼앗겨 더 말라간다. 버렸으면 보지 못했을 보물처럼 귀한 양배추, 올겨울은 이것으로 인해 비어있던 삶의 한 부분을 채운다.

지금도 두 손으로 양배추를 드니 밑 부분이 부서지는 아픔이 소리없이 우는 모습처럼 애처롭다. 양배추 껍질을 한 장씩 떼어낼 때마다 벌써 떡잎 속엔 새움의 얼굴을 내민다. 어미 방향으로 향해있다. 그러나 시간이 지날수록 그 작은 싹은 위를 향해 조금씩 자란다. 어찌 이렇게 신기하단 말인가. 원래 있던 것을 내가 알지 못한 것은 아닌지. 생물의 생성과정을 잘 모르는 나에게 진리를 안겨주는가. 어린것이 굵은 줄기에서 싹이나 자라는 모습에 마치 우리 아이들이 내 곁을 떠나 스스로 독립하는 것처럼 애틋함이 묻어난다.

어린 양배추들은 어미와는 반대 방향으로 자라고 있다. 나와 대부분의 사람들은 변화가 없는 안주하는 삶을 원한다. 그러나 때로는 생각의 방향을 전환하여 도전하는 용기도 필요하지 않은가. 거꾸로 자라는 양배추처럼.

해오라비난초

여름 장마가 지난 후 해오라비난초가 청초하게 피었다. 비에 젖는 것이 안쓰러워 뜰 안으로 들인다. 앙증스러운 꽃이 새가 날아가는 것 같다. 하얀 날개를 활짝 펴고 아홉 마리의 하얀 새가 내게 안긴다. 이 고운 모습 그대로 있으면 좋으련만. 스마트폰 화면과 마음에 담는다.

몇 년 전에 해오라비난초 7개의 구근을 들꽃마을에서 구입하여 키우기 시작했다. 오래전에 한번 키운 경험이 있어 다시 키워보고 싶었다. 가을에 마사와 부엽토를 적당히 섞어 철쭉 아래 낙엽을 덮고 겨울 준비를 했다. 워낙 구근이 작아서 관리가 그리 쉽진 않았다. 그래도 한번 나와 함께했기에 겁 없이 추운 겨울을 마당에서 지내도록 했다.

올 4월 나무 밑에 낙엽으로 덮여있던 그 화분을 마당으로 꺼내 놓았다. 따스한 봄 햇살을 받으며 마사 틈새에서 초록의 아주 작디작은 싹이 돋아났다. 여름이 가까워 오며 꼿꼿한 꽃대를 올렸다. 분갈이할 때 부엽토를 제대로 섞지 못해 꽃송이가 한 송이씩만 피었다. 고결한 모습이 보는 이의 눈길과 발길을 머물게 한다.

해오라비난초 꽃이 피기를 간절히 기다린 사람은 남편이다. 지난해 한번 보았으니 더 기다리는 것 같다. 남편은 유독 하얀 꽃을 좋아한다. 지난봄에도 흰 마가렛을 사다 심었는데 해오라비난초도 역시 흰색이다. 워낙 꽃 중에 제일 마음에 드는 꽃은 흰색 꽃인 듯싶다. 주변의 어느 빛깔을 다 품을 수 있으니 그렇지 않을까. 해오라비난초가 피자 남편은 먼저 곁으로 다가가 눈 맞춤을 한다. 해오라비난초 하얀 꽃은 마치 곱게 단장한 오월의 순결한 신부 같다.

남편은 그 꽃을 스마트폰으로 촬영하여 카톡 밴드에 올렸다. 잠시 후 지인 몇 사람이 사연을 올리기 시작했다. 사진을 많이 촬영하는 한 지인은 '난생처음 본 꽃이다'. '하얀 새가 날아가는 것 같다'. '키운 사람의 정성이 엿보인다.' 등등. '카톡' 소리가 들릴 때마다 여러 사연들이 분주히 올라왔다. 혼자 보기가 아까워서 올린 것인데 지인들의 반응이 뜨거웠다. 남편은 기분이 좋아 보인다. 웃음 가득한 남편의 얼굴에도 꽃이 피었다.

해오라비 난초는 '해오라비(기) + 난초'에서 유래된 이름이며 꽃 모양이 해오라비(기)가 하늘을 힘차게 날아가는 모습과 비슷하다는 데서 유래된 것이라고 한다.

꽃말은 무엇일까 여기저기 검색해 보니 '꿈속에서도 당신을 생각합니다. 꿈에서라도 만나고 싶습니다.'였다. 마음이 얼마나 담겼으면 현실이 아닌 꿈속에서까지 애절하게 갈망하는 것일까. 하긴 누구나 그 꽃 핀 모습을 한번 보면 그 말이 이해가 될 것이다. 맨 처음 그 꽃을 구입할 땐 들꽃으론 너무 비싸다는 생각이 들었다. 꽃을 보기까지 가을과 겨울, 그리고 봄이 지났다.

들꽃은 제자리에 자연 그대로 있을 때 가장 행복하고 아름다운 것이 아닐까. 그러나 많은 사람들은 그것을 곁에 두면서 보길 원하고 더 나아가서 기르는 수고 없이 핀 꽃만을 보는 사람들도 있다. 늘 내가 꽃과 함께 생활하며 터득한 것은 기다림과 돌봄이다. 어린아이를 키우듯 그들을 볼보며 가꾸지 않으면 자연이 아닌 인공에선 해가 거듭되면서 서서히 도태되고 만다. 그러나 자연은 어떠한가 물을 주지 않고 돌보지 않아도 자연 그대로의 환경에 적응하여 말없이 살아간다.

요즈음 사람들은 빠름을 추구하고 느림을 멀리하며 메마르게 살아가는 이들이 많다. 청초한 해오라비난초처럼 맑은 샘물 같은 눈을 맑히는 하루가 가을을 기다리는 내게 희망의 속삭임으로 다가오길 바라본다.

깽깽이풀

봄비가 촉촉이 내린다. 어린 깽깽이풀 동그란 잎사귀에도 고르게 내린다. 아주 귀한 잎사귀다. 마치 노환이지만 정갈한 어머니의 모습 같다. 그러나 초록빛 여린 잎에 서글픔이 묻어난다. 그것은 왜 그럴까.

지난가을 2년 전에 뿌린 깽깽이풀 씨앗이 기다려도 나질 않는다. 하는 수 없이 심은 흙을 어미 깽깽이풀 옆에 쏟아부어 주었다. 그런 후 까맣게 그것을 잊고 있었다. 몇 주 전에 봄 뜰을 보고 있을 때 보랏빛 깽깽이풀 꽃 옆에 어린 싹이 소복하게 트고 있었다. 너무 작아 알 수 없었다. 일주일이 지나자 모습이 드러난다. 동글동글한 잎의 깽깽이 어린 싹이다.

남편이 야영장에 근무할 때이다. 여름 방학 때 아이들과 근무하는 곳에 간 적이 있다. 그곳은 온통 숲으로 둘러싸인 산촌이었다. 한창 들꽃에 심취했던 나는 산으로 올랐다. 한 그늘에 잎이 연잎처럼 생긴 식물이 신기했다. 이름도 알 수 없었다. 그리고 처음 보는 것이었다. 집으로 데려와 단풍나무 밑에 심었다.

이듬해 봄 단풍나무 아래는 연보랏빛 풀꽃이 피었다. 가녀린 줄기를 올린 꽃이 가냘퍼 보였다. 처연한 그리움이 묻어나는 것 같았다. 꽃이 진 후 더 여러 포기를 키우고 싶어 포기나누기를 했다. 그러나 시름시름 시들더니 그 후엔 꽃을 볼 수 없었다. 욕심이 죽음을 부른 것이다.

아쉬움에 가득 찼던 난 서점에 가서 《취미의 산야초》 책을 구입했다. 열심히 탐독하던 중 그 꽃이 깽깽이풀인 것을 알게 됐다. 그 풀꽃은 없어졌지만 사진으로라도 보게 되어 반가웠다. 우연히 지인을 통해 인터넷의 들꽃 판매하는 곳을 찾았다. 그 꽃을 본 후 5년이 넘어서였다. 마침 깽깽이풀을 판매하고 있었다. 네 포기를 주문하여 기르기 시작했다.

귀한 것은 사람이나 식물이나 자라기 힘든 것 같다. 네 포기 중 두 포기만 살아남았다. 다행히 한 포기는 잘 자라 포기가 실해졌다. 여러 해 기르다 보니 씨앗도 발견하게 되었다. 깽깽이 씨앗은 제때 안 보면 볼 수가 없다. 씨앗이 영글면 갈라져 말리기 때문에 잘 살펴야 했다. 꽃이 진 후 열매가 달려 자주 살폈다. 영글었을 때 채취하여 파종을 한 것이다.

자연에서는 개미가 매개체 역할을 한다고 한다. 깽깽이풀 씨앗에는 달콤한 향인 '엘라이오솜'이라는 지방 덩어리가 붙어 있어 개미들이 씨앗에 붙은 먹잇감을 얻기 위해 열심히 물어 나른다. 실수로 나르다가 중간중간에 그 씨앗을 숲에 떨어뜨리게 되어 깽깽이가 그곳에서 발아돼 종족을 퍼뜨린다고 한다.

어미 옆에서 싹을 띄운 것은 어찌 보면 엄마 떨어진 어린아이의 간절한 만남 같다. 엄마 곁은 늘 편하니까. 그렇게 정성 들여 물도 주고 보살폈는데…. 옆에 있는 그 모습이 퍽 행복해 보인다. 노환 중에 계신 어머니는 이런 말씀을 하신다. '우리 어머니는 내가 이렇게 누워있는데 한 번도 안 온다'.며 서운하신가 보다. 어머니 나이가 90세인데 어머니의 친정어머니는 나이가 많아 돌아가셨을 거라고 말씀드린다. 다시 아기처럼 되신 어머니는 모든 것을 잊으시면서도 친정어머니가 그리운가보다.

깽깽이풀 옆에 옹기종기 모인 싹들이 어미를 둘러싼 어린 자식들처럼 다정하다. 어머니도 어린 싹처럼 엄마 곁에 가고 싶은 마음이 간절한 것 같다. 요즈음은 어릴 때 자라던 삼팔선 너머 고향집으로 가신다는 말씀을 자주 하신다. 나이가 아무리 많이 들어도 엄마는 늘 마음속의 고향인 가보다. '내일은 집에 가야겠어'. 어머니의 독백에 내 눈언저리가 뜨거워진다.

튤립 심기

지난봄에 고운 꽃을 피웠던 튤립 구근을 앞뜰에 심었다. 늦은 봄에 아주 단아한 모습으로 내 마음을 사로잡았다. 마치 아기 얼굴처럼 맑았던 꽃이다. 꽃이 진 후 구근을 캐어 2층 계단 밑 그늘에 보관했다. 여름내 건조해 두었던 것을 며칠 전에 앞뜰의 한 모서리 담 밑에 흙을 고르고 거름을 섞어 튤립을 심었다. 물을 넉넉히 주고 체육공원에서 채취해온 푸라다너스 낙엽으로 덮어주었다. 그렇게 겨울 준비를 해주고 마무리했다.

이제 몇 달을 기다려야 꽃을 볼 수 있을까? 빨라야 4월인데 그 긴 시간을 기다림 속에 보내야 하는 것이다. 내가 꽃을 기르며 터득한 것은 반드시 일정한 시간이 지나 때가 되어야 꽃을 피우고 열매를 맺는다. 사람이 조급해 한다고 자연은 그 시기를 절대로 거슬리지 않는다.

그러나 요즈음은 문명의 발달로 겨울 비닐하우스 속에서도 계절 없이 꽃을 피운다. 그래서 제철 과일이니 꽃이니 별 의미가 없어진 지 오래다. 최근 들어 이상저온, 고온 현상이 심해져서 우리나라 기후마저도 서서히 아열대로 바뀌고 있다.

몇 해 전 캐나다 여행할 때 빙하가 있는 호수 주변에서 숙박하게 되었다. 밤새도록 빙하 녹아내리는 소리가 끊이지 않았다. 가이드의 말로는 일 년이 지나면 주변의 지형이 변한다고 했다. 이렇게 기후가 온난화되면서 자연은 우리에게 도전장을 내밀고 있다. 며칠 전 필리핀의 태풍으로 수천 명의 인명을 앗아갔다. 지구온난화의 영향이 아닌가 싶다.

너무 빠른 것을 좋아하다 보니 우리들은 짧은 시간에 모든 것을 해결하려 한다. 사람도 앞다투어 어린 시절부터 먼저 가려 안간힘을 쓴다. 좀 더디면 어떤가. 지각하지 않으면 되지. 남보다 앞서가려 하다 보니 바르게 정도를 걷는 사람들이 때로는 뒤처지는 느낌도 든다. 사람도 약삭빠르지 않으면 도태된다고 생각되는 것이 현실이다.

튤립을 꽃집에서 사서 감상하면 그만이지 무엇 하러 힘들게 심고 기다리느냐 생각할 것이다. 그러나 어느 지인의 수필 제목처럼 '기다림의 미학'을 한번 시도해 보고 싶다. 초등학교 입학하여 제일 먼저 그렸던 꽃이 튤립이다. 유치원의 유리창에도 자주 오려 붙이던 친숙한 꽃. 그 꽃을 내 곁에 심고 가꿀 수 있어 감사하다. 튤립 구근을 심고 기다림 속에 겨울을 보낸다. 봄을 기다리며 곱게 피어날 튤립을 생각하면 마음이 설렌다. 기다림 속엔 희망이 자라기 때문이다.

눈과 칼바람 같은 추위, 그런 자연의 섭리에 부딪히고 견디며 주어진 시간을 말없이 보내다 보면 봄이 오고 그 고운 꽃을 피울 것이다. 우리 인생길 때로는 고달프지만 마음의 꿈을 접지 않는 한 따뜻한 햇볕이 드는 시간이 올 것을 기대한다.

흰색, 보라색, 분홍색, 노란색의 튤립꽃이 오는 봄에 곱게 피기를 기다리며 보내는 겨울은 쓸쓸하지 않으리라.

울타리콩

주말이다. 출근도 하지 않는데 오랫동안 젖은 습관에 아직도 매여 있다. 담장의 철망에 걸린 거미줄을 제거한다. 거미가 저 살려고 짜놓은 집을 빗자루로 모두 없앤다. 거미의 입장에서 보면 잔인하다. 빗자루로 거미줄 걷는 사이로 울타리 콩의 덩굴손이 수줍은 듯 고개를 살짝 내민다. 사랑스럽다. 모처럼 낮게 드리운 회색빛 하늘에서 보슬비가 오락가락한다.

오래전부터 그 담장 철망을 무엇인가 활용해 보고 싶었다. 이사 와선 덩굴장미를 올려 몇 년 동안 운치 있는 5월을 보냈다. 그 이후 덩굴이 오래되어 사그라져 붉은 인동덩굴을 올렸다. 그 진한 향기 속에 푹 빠져 보기도 했다. 모두 전성기가 지나니 그 관리가 힘들고 꽃들도 병이 생겨 베어버렸다. 그 이후 여러 해 동안 아무것도 올리지 못하고 그냥 덤덤히 시간을 보내던 중이다.

지난가을 전주에 있는 한옥마을 가는 기회가 있었다. 시가지를 구경하고 재래시장을 가게 되었다. 사고 싶은 갖가지 것들이 많았다. 거리에 좌판을 벌인 아낙들이 가는 사람들의 발길을 잡았다. 동행한 지인들이 진한 보랏빛이 감도는 덩굴 콩을 구입했다. 아주 먹음직스러워 보였다. 나는 사지 않고 옆에서 구경을 했다. 마침 그 옆 소쿠리에 담긴 껍질을 벗기지 않은 콩꼬투리가 있었다. 콩 주인에게 씨앗으로 몇 개를 주셨으면 하고 어렵게 말씀을 드렸다. 그 아주머니는 흔쾌히 꼬투리 다섯 개를 주셨다. 기분 좋게 집으로 가져와 양달에 말렸다. 뚜껑이 열린 병에 담아 놓고 이듬해 6월이 오길 기다렸다.

올핸 더위가 유난히 일찍 왔다. 담장 아래 콩을 서너 개씩 일곱 곳에 심고 매일 물을 주었다. 내 정성이 전해져 일주일 만에 싹이 텄다. 후텁지근하니 식물의 자람도 눈에 보이게 하루하루가 달랐다. 어느덧 콩의 덩굴손이 올라와 고불고불 긴 머리를 여기저기로 향하여 방향을 찾고 있다. 몇 포기씩 함께 얽혀있다. 얼른 챙겨두었던 조기 엮었던 연미색 비닐 끈을 가져왔다. 그리고 담장 철책 보호대와 적벽 돌에 끈을 묶어 연결해 주었다. 이 끈 역시 조기 손질할 때 콩 덩굴 올리려 예비해 두었던 것이다. 덩굴손을 그곳으로 옮겨주었다. 아침마다 들여다보며 문안 인사를 한다. 밤사이 조금씩 자라는 모습이 신기하다. 식물이지만 생명이 있어 서로의 마음이 오간다.

이런 것들에 집착하는 것은 어린 시절 자라는 동안 부모님께서 하시는 것을 보았기 때문은 아닐까. 어머니는 집 주변 울타리 아래 빈틈없이 울타리 콩을 심었다. 가을이면 난 그 꼬투리 까는 재미에 푹 빠지기도 했다. 윤기 흐르는 햅쌀밥에 넣어 먹으면 얼마나 맛이 있었는지. 지금 생각해도 군침이 돈다. 흰밥보다 어릴 때부터 콩물이 살짝 든 밥을 좋아했다. 맛있는 콩 내음이 밥에서 전해지기에 더 콩밥을 좋아했었나 보다.

사람은 늘 자신이 보고 자란 것들에 대한 향수가 마음 한 곳엔 남아 있어 은연중 생활 속의 일부가 된다. 나도 마찬가지다. 늘 그 내면엔 지금은 형체도 없는 돌아갈 그리운 고향이 있다. 그 고향 속에 다정하신 부모님과 함께 뛰놀던 친구. 한솥밥을 먹던 형제자매가 있다. 이런 것들을 통해 마음에 남은 감정들을 은연중 정화하는 것은 아닐까.

콩의 덩굴손이 잘 뻗어 올라가도록 줄을 매어주니 방향을 잡지 못하던 모습이 사라졌다. 매준 긴 줄을 타고 신나게 뻗어간다. 그것을 바라보며 왜 부모님 생각이 나는 걸까. 내가 사랑 담긴 마음으로 줄을 매준 것처럼 부모님도 내 발길을 잡아주셨지. 도심의 담장 아래 나란히 뻗어가는 울타리 콩이 사랑스럽고 정겹다. 그리고 꽃 피고 열매 맺을 그날들을 기다린다.

분갈이

주말에 비가 내렸다. 뜰에 있는 식물이 가을비를 흠뻑 머금고 아침 햇살에 싱싱한 모습으로 나를 반긴다. 여기저기 마음대로 자란 들풀도 가을이 오며 꽃봉오리를 열기 시작한다.

노란 미역취 옆에 보라색으로 핀 층 꽃의 어울림이 아주 산뜻하다. 초록빛 가운데서 내 눈길을 끈다. 이렇게 가을이 오면 식물들도 서서히 겨울 준비에 들어가며 마음은 바빠진다. 그중에 한 가지가 분갈이다.

뜰에 눈길을 돌리니 무엇부터 해야 할지 마음이 여러 곳으로 갈라진다. 출근할 때는 잘 보이지 않았던 작은 공간에 잡초도 보이고, 단풍나무 옆에 잡풀도 눈에 거슬린다.

여름내 손길 한번 가지 않았으니 더 말해 무엇 하랴. 이제 집에서 자유롭게 시간을 낼 수 있어 보도블록 틈새의 잡초, 대문 뒤와 수돗가 옆에 난 풀들도 뽑을 수 있게 되었다. 풀을 뽑으며 꽃밭 옆을 바라보았을 때 잎사귀가 칙칙해진 화분들이 눈에 들어왔다.

뽑던 풀을 잠깐 정리하고 몇 년이 지나도 꽃이 피지 않은 정향나무 화분을 대문 옆으로 들고 왔다. 늘 습관처럼 물만 주었지 무관심해 그 나무를 제대로 보살피지 않아 상태가 어떤지 궁금했다. 화분이 뿌리로 꽉 차서 전혀 움직이지 않아 어찌할 수 없었다. 화분 뒤를 쳐서 쏟아 보려 했지만, 뿌리의 힘으로 화분 밑이 깨어져 없어진 상태였다. 그 틈새로 뿌리들이 아주 가득 차 있었다.

사람도 계절이 바뀌면 주택에 도배도 다시 하고 옷도 바꾸어 입는다. 겨우살이를 준비한다. 식물도 가을이 되면 겨울 준비를 해야 하는데 몇 년 동안 손길이 미치지 못해 분갈이를 제대로 하지 않았더니 화분 밑이 빠지는 데까지 온 것이다. 견디다 못해 잎이 누렇게 변했다. 며칠 전에도 석곡 화분이 뿌리로 가득 차서 가장자리 부분을 칼로 도려내어 분을 쏟았다.

사람이나 식물이나 제때를 놓치게 되면 더 많은 부분을 할애해 그 부분을 채워야 한다. 정향나무 화분도 밑이 빠지고 꽃도 영양이 부족하여 초록 잎이 누런 빛을 띠고 견디다 못해 이제 죽으려고 잎이 변하는 것 같았다. 얼른 쏟아서 정리해주고 싶은 마음이 간절했다.

가지고 있는 전정가위로 우선 화분 가장자리를 손에 힘을 주어 파내니 화분에 붙어 있던 뿌리들이 조금씩 떼어지기 시작했다. 한참을 꽉 찬 뿌리와 실랑이하고 나서야 꽃나무를 쏟을 수 있었다. 간신히 쏟아보니 온통 잔뿌리가 흙과 뒤엉켜 큰 덩어리로 되었다. 난 사정없이 가위로 잔뿌리와 길게 똬리처럼 엉킨 뿌리들을 시원하게 잘랐다. 그리고 마사와 부엽토를 알맞게 섞어 새 화분에 심었다. 작은 화분에서 얼마나 힘이 들었을까 생각하니 그 꽃을 관리하는 자신이 한심하다는 생각이 들었다.

현관 옆에 단풍나무 한 그루가 많이 자랐다. 그 나무가 처음 우리 집에 온 것은 오래전에 속리산 가을 등반 때 아주 작은 묘목을 캐다 플라스틱 화분에 심었다.

겨울에 얼어 죽을까 염려되어 벽 쪽에 놓았던 것이 화분 배수구 틈새로 뿌릴 내려 땅의 기운을 받더니 그 안에 자리를 잡아내 키보다 더 크게 자랐다.

한두 해 미루다 때를 놓쳐 제멋대로 자라게 된 것이다. 지금은 플라스틱 화분을 뚫고 땅에 뿌리를 깊게 내려 베지 않으면 안 될 정도로 힘이 세졌다.

이렇듯 말을 하지 못하는 식물도 자연 그대로가 아닌 사람 곁에 옮겨 심으면 사람의 보살핌이 반드시 필요하다. 이제 때맞춰 건강하게 자라도록 관리해야겠다. 분갈이해준 정향나무에 고운 꽃이 피기를 기다린다. 내년 오월에.

한련

시월의 끝자락에 단아하게 핀 한련을 본다.

연잎 같은 동그란 잎 사이에 숨어 빨갛게 핀 꽃이 고고한 자태로 내 마음을 당긴다. 가을이 되며 한련은 더 싱싱하게 줄기를 뻗어 잎을 키우고 꽃을 피운다. 유난히 더웠던 지난여름 더위를 이기지 못하고 시들어가며 힘겨워했다. 그래도 뽑지 않고 두었더니 그 모습이 모두 사라지고 싱싱한 모습에 내 마음도 싱그럽다.

한련은 지난봄에 문의에 사는 친구 집에서 우리 집으로 4포기를 데려왔다. 정성 들여 물도 주고 거름도 주어 살뜰히 보살폈다. 얼마 동안 낯설어 힘들어하다 4주 정도 지나자 내 정성이 통했는지 고운 꽃도 피웠다. 그것도 잠시였다. 그 후 여름이 오자 잎도 마르고 봉오리도 시드는 모습이 영 신통치 않았다. 성질 급한 사람이면 뽑아 버릴 것 같은 모습이었다. 그렇지만 문득 생각난 것이 하나 있었다.

언젠가 서늘해지는 가을 그 꽃이 활기차게 자라는 모습을 학교 방문 때 본 것이 떠올랐다. 안쓰럽고 가련해 보였지만 꾹 참고 묵묵히 기다리기로 했다.

올여름은 유난히 더웠다. 거기에 비도 오지 않으니 잎이 늘어진 식물들 보기가 안쓰러웠다. 사람은 더우면 물도 마시고 에어컨도 틀어 더위를 식힌다. 그러나 식물은 사람이 물을 주지 않으면 죽음의 문턱에 서 있기 마련 아닌가. 그래서 쌀 씻은 물, 나물 씻은 물 모두 모아 꽃밭에 있는 식물들에게 연신 먹였다. 물을 담아 뜰까지 가져가는 것도 힘겨웠다. 밖에 있는 수돗물도 주지만 곳곳에서 보도되는 물 부족의 소문에 가끔 주방에서 남는 물도 재활용했다.

식물을 키우다 보면 그 모습에서 사람들의 삶의 한 부분을 보는 것처럼 그런 때가 가끔 있다. 사람이 생활하다 몸이 아픈 것처럼 식물들도 마찬가지이다. 늘 곁에서 함께 지내고 있어 내 분신처럼 아껴주고 돌보아 주는 것이 습관이 되었다.

그렇게 정성 들여 가꾼 꽃들은 내 마음을 아는 듯했다. 비가 별로 오지 않았지만 올가을 아주 고운 꽃을 피웠다. 그 꽃 중에 가장 내 눈을 끄는 것은 한련이었다. 거의 죽었다가 다시 살아난 사람처럼 내 마음을 신나게 한다. 붉게 물드는 단풍나무 옆에 초록빛으로 싱싱하게 뻗어가는 줄기에서 꽃피우는 모습에 내 눈에 생기가 돈다. 희망이 솟는다.

한련은 연꽃을 닮았으나 뭍에 산다 하여 한련화라 부른다. 한련과에 속하는 일년초로 덩굴 모양의 줄기가 땅으로 뻗는다. 6월에 잎의 겨드랑이에서 나온 기다란 줄기 끝에 황색, 자색, 적색, 적홍색, 크림색의 오판화가 핀다. 잎은 연잎 모양으로 어린잎과 씨는 향미료로 쓰이고 꽃은 식용화로 샐러드 장식에 쓰고 있으며 허브의 한 종류다.

한련의 동그란 잎을 바라본다. 그 모습을 보며 마음속에 은근히 바라는 것이 있다. 우리 어머니도 한련처럼 다시 건강해질 수는 없는 것일까. 한련도 그렇게 힘들었던 여름을 보내고 다시 싱싱하게 자라고 있는데……. 자주 누워 계시는 모습이 여름날의 한련 같다. 어머니도 이제 그 힘이 다해 쇠약해지셨지만 서늘한 기온 속에 자라는 한련처럼 건강해지면 좋겠다. 삶은 그렇게 마음대로 펼쳐지는 것은 아니니, 다만 그렇게 되기를 바랄 뿐이다.

머지않아 서리가 내리면 한련은 그 생을 마감하게 된다. 살아있는 동안 주어진 일을 열심을 다 한 것처럼 내 삶도 그렇게 되기를 바라본다.

차가워지는 늦가을에 싱싱하게 뻗어가는 한련처럼.

부처손

저녁나절 옥상에 올랐다.

가뭄이 계속되는 초여름에 단비가 내린다. 부처손이 잔뜩 웅크리고 있던 얼굴을 활짝 폈다. 습기가 부족하면 몸을 최대한 움츠려 생명을 유지한다. 죽지 않으려 안간힘을 쓰는 것이다. 옥상이라 아주 뜨겁다 보니 물을 잘 주어도 그렇게 오므리고 있는 모습을 여러 번 보았다. 그럴 땐 지난 시절 내 모습을 보는듯해 쓴웃음이 절로 난다. 나와 10년 넘게 살아 정도 들었다.

오래전 지역교육청에 근무할 때이다. 8월의 매우 뜨거운 여름이었다. 때마침 을지훈련이 있어 밤을 고스란히 지새우고 이튿날 아침 산

악회 팀에 합류했다. 남편을 따라나서긴 했지만 조금 염려가 되었다. 내 체력을 알기에 더 그랬다. 사량도 지리망산 산행이었다.

3시간을 지나 통영에 도착했다. 바다 건너편에서 바라보이는 작은 섬의 산은 그리 높아 보이지 않았다. 똑딱선을 타고 일행은 산마을 근처에 내려 지리망산 진입로에 들어섰다. 줄곧 대원들은 가볍게 산을 오르기 시작했다. 나도 그 대열의 일원으로 부지런히 따라 걸었다. 그러나 금세 숨이 차고 땀이 비 오듯 했다.

입산 후 30분 정도 지났을 때 다리에 힘이 쭉 빠진다. 한 발자국도 움직일 수 없어 앞서가는 남편을 불렀다. 성급한 남편은 눈이 더 커진다. 그렇다고 다시 배로 가기는 싫었다. 잠시 대원들 몇몇이 나를 가운데 두고 궁리를 했다. 어른을 업고 갈 수도 없고. 등반대장은 배낭에서 로프를 꺼내 내 허리를 묶고 앞에서 천천히 걷기 시작했다. 최후의 결정인 듯했다. 나는 팔려가는 당나귀 같은 신세가 된 셈이다. 나를 가운데 두고 남편은 뒤에서 밀고 대장은 앞에서 이끌었다. 눈으로 스며드는 땀이 소금기가 있어 따가웠다. 땀을 닦을 겨를도 없이 간신히 해발 300미터 조금 넘는 산 정상까지 올라갔다.

일행의 눈이 나를 바라본다. 모두 한심하다는 눈길처럼 다가왔다. 한참을 기다렸다고 했다. 그들은 벌써 점심을 마치고 휴식을 취하고 있었다. 창피한 생각도 들었지만 아랑곳없이 정상에 털썩 주저앉았다. 안도의 한숨을 길게 내쉬었다. 먼저 도착한 대원들은 우리가 오자 하산하기 시작했다. 아침에 가져간 김밥을 꺼내 허기를 채웠다. 그때 비로소 몸의 피로가 서서히 풀리기 시작했다. 물을 잔뜩 들이켜고 나니 좀 정신이 들고 힘이 났다. 하산하는 동안 앞, 옆, 그리고 먼 곳의 풍경이 눈 안으로 들어오기 시작했다. 다리를 떨며 땅만 쳐다보고 오르던 오전과는 달랐다. 마음의 여유가 생겼다. 등산로 주변을 살폈다. 깎아지른 듯한 바위 틈새에 초록빛 부처손이 정겹게 나를 바라본다. 내 눈에 생기가 돌았다. 데려가고 싶어 작은 것 한 포기를 채취했다. 고생한 사량도를 오래도록 기억하고 싶었다.

부처손은 나와 함께 배를 타고 바다를 건너 우리 집까지 동행했다. 둥근 화분에 화산 석을 넣어 부처손의 안식처를 마련해 주었다. 어쩌다 물을 주지 못하면 초록빛 잔가지처럼 뻗은 잎을 있는 대로 오므려 공처럼 몸을 만든다. 처음엔 병이나 죽은 줄 알았다. 화분을 보니 흙이 말라 수분이 없었기 때문이었다. 이런 모습도 함께 지내며 터득한 것이다.

그때 포기하고 그냥 배를 타고 돌아왔다면 부처손은 나와 함께 살지 못했겠지. 내 나이가 더해진 것처럼 묵은 부처손의 언저리에 가족들도 많아졌다. 옥상의 따가운 햇볕이 그때 사량도의 햇빛처럼 정다운지 해풍은 없지만 오순도순 살고 있다.

오디

보슬비가 소리 없이 내린다. 높은 산자락이 물안개에 병풍처럼 둘러싸여 있다. 고향처럼 포근한 산골의 여름은 아침나절 쓸어놓은 마당처럼 고요하다. 큰 나무 옆으로 다가갔다. 뽕나무였다. 어릴 때 맛나게 따먹던 오디. 그 오디가 큰 뽕나무에 거뭇거뭇하게 많이 달려 있다.

오디는 흠뻑 익어 진한 포도주 빛을 띠고 있다. 이슬비에 젖은 오디를 한 개 따 입에 넣으니 달콤한 맛이 입안으로 퍼진다. 어린 시절이 되살아난다.

오디는 뽕나무의 열매다. 지금은 많은 사람에게 잊힌 것으로 추억이 서린 열매다. 특히 요즈음은 뽕과 누에가 사람 건강에 좋다 하여 웰빙식품으로 인기가 대단하다. 내가 어릴 때 뽕나무는 누에의 먹이로 가정의 수입원이 되기도 하였다. 우리 집에서도 동생과 중고등학교 다닐 때, 수업료를 마련하는 하나의 수단이었다.

어머니는 내게 뽕을 따는 일을 가끔 맡기셨다. 초여름이 지나면 누에도 크게 자라 뽕을 많이 먹기 시작한다. 한 번 그 모습을 보면 깜짝 놀란다. 소나기가 내리는 것 같이 빗소리가 들릴 때도 있다. 누에가 넉잠을 자고 나면 몸집도 커지고 따라서 먹는 양도 많아진다. 때문에 뽕잎 따기도 매우 힘들다. 뽕을 따면서 가끔 붉은빛과 초록빛이 감도는 설익은 오디를 따서 먹었던 기억도 잊을 수 없다. 신맛에 눈이 저절로 감기던 아련한 추억….

일손이 필요해 가끔 부모님을 도왔다. 햇빛에 얼굴을 익히며 뽕을 따는 것도 지루했다. 뽕따는 것은 뒤로하고 뽕나무 가지에 앉아 잘 익은 오디를 따먹으면 간식이 없던 시절 최고의 맛이 있었다. 그 오디를 조금 전에 큰 뽕나무에서, 40여 년이 흐른 지금 그 맛을 본 것이다.

내가 잊을 수 없는 것은 누에를 정성껏 키우시던 어머니의 모습이었다. 소작농에 여섯 식구 살기도 매우 힘들었다. 자식들 학자금 마련의 방법으로 양잠을 하셨다. 한 등급이라도 더 받기 위해 무단히 노력하셨던 부모님이다.

오디를 먹으며 달콤한 맛과 함께 아련히 젖어드는 추억, 눈시울이 왜 갑자기 뜨거워오나? 오래전에 먼 나라로 가신 어머니의 모습이 눈앞에 아른거린다. 마지막 가시던 모습이 눈에 선하다. 어머니는 다리도 불편하셨고, 정신도 어린 아기처럼 되셨다. 내 어린 시절 어머니는 늘 얼굴에 웃음이 가득하셨다. 노래도 좋아하셨으며 남의 말을 듣고 다른 사람에게 전하지 말라는 말씀을 많이 하셨다.

세월이 많이 흘러도 자연은 여전히 그곳에 변함없는데, 우리네 삶은 세월 따라 이렇게 변하는 것일까? 고생하시며 사셨던 어머니의 은혜로 나는 공직에서 은퇴하여 걱정 없이 살아갈 수 있게 되었다. 어머니의 땀과 눈물이 내겐 보이지 않지만 가득 배어있다. 이젠 철들어 어머니의 그 모습을 이해할 나이가 되었으나 어머니께서는 계시지 않고.

어머니께서 지금 내가 사는 모습을 아시면 얼마나 기뻐하실까? 가끔 고향에 가면 학교 다닐 때 쌀이 없어 보리밥으로 도시락을 싸주신 이야기를 하시며 눈물을 닦으시던 어머니, 이젠 넉넉하진 않지만 자립하여 평범하게 살고 있다. 마음에 안타까움만 밀려온다.

오디 맛은 40년 전이나 지금이나 변함이 없다. 종이컵에 잘 익은 오디를 따 넣으며 나는 어머니를 생각했다. 무명 앞치마에 가득 채워 오시던 싱싱한 뽕잎 냄새가 지금도 나는 것 같다. 그리고 뽕잎 따며 딸 주려고 가져오신 오디도 그리워진다.

새봄

담 밑의 노루귀는 분홍빛 봄 웃음을 전한다. 아직도 싸늘한 겨울의 찬 기운이 가시지 않았지만 계절은 봄이다. 벌써 골목엔 아이들이 활기찬 목소리가 귓전을 울린다. 봄이 어디 아이들이나 들꽃에만 있는 것이랴. 모처럼 우리 집도 새봄맞이 준비를 한다.

지난 한 주가 시작되는 월요일부터 집안 정리가 시작됐다. 지금 사는 집을 13년 전에 구조 변경을 하고 처음으로 내부 페인트와 도배를 하기로 한 것이다. 방 여러 곳에 어수선하게 널려 있는 세간들을 어떻게 정리하고 시작을 해야 할지 엄두가 나지 않아 지금까지 미루어 두었다.

다음 주면 둘째 아들네가 유학을 가게 된다. 살림살이를 대부분 정리하고 남은 냉장고, 세탁기, 책과 책장들을 우리 집으로 가져온다. 그렇게 하자면 어차피 살림 이동이 있어야 할 것 같아 일을 시작했다. 처음엔 도배만 하려 했다. 그러나 창틀이나 문들이 흰 페인트가 찌들어 곳곳에 얼룩도 있고 누렇게 변했다. 그래서 생각지도 않았던 페인트칠을 먼저 시작하게 됐다.

페인트 칠 할 부분을 정리하다 보니 먼지 덩어리와 동전, 몇 해 전 해외여행 갈 때 숨겨두었던 아기 반지도 책꽂이 뒤쪽에서 나왔다. 가끔 보이는 곳만 했지 가재도구들을 옮기면서 하기는 쉽지 않았다. 얼마나 정리를 안 했으면 그렇게까지 되었는지 속수무책이다. 지금까지 집안 살림과 직장생활, 교회생활, 취미생활을 병행하며 분주하게 보냈다.

남편과 나는 식사시간을 제외한 모든 시간을 모처럼 일하는데 쏟았다. 머리를 쓰지 않아도 되는 것이기에 나름대로 힘은 들지만 즐거웠다. 온통 먼지 속에서도 내 집 일이니 피곤도 모르고 열심히 임했다. 저녁때는 마스크도 하지 않고 정리에 몰두하다 보니 먼지에 목이 컬컬했다. 병이 나지 않을까 걱정도 되었다.

페인트 작업이 끝나자 하루 건너 도배를 시작했다. 아침 8시쯤 도배사 한 분이 오셨다. 거실에 가득 보따리들이 널려있는 것을 보더니 일할 마음이 선듯 내키지 않은 것 같았다. '이것들 모두 밖에 내놓아야

돼요.'라며 불만 섞인 투로 말을 한다. 잠시 후 팀원들은 장비를 들이고 도구를 허리에 차고 민첩하게 움직였다. 남편과 나는 정신없이 먼저 도배를 마친 방으로 묶은 짐들을 옮겨 놓았다. 몇 가지는 밖에 내놓기도 했다. 다행히 날씨가 맑아 힘들지만 일이 순조롭게 진행되었다.

2층은 아들 3형제가 대학시절까지 보내고 외지로 나가 방마다 전문서적을 비롯해 이것저것 어수선하게 차있다. 그것을 밀치고 공간을 만들고 가득 쌓인 먼지를 제거하기가 힘겨웠다. 가장 힘들었던 것은 막내가 쓰던 기역자 방인데 그곳에는 곤충 박재한 것들, 전족 도구와 상자 등으로 발 디딜 틈이 없이 가득하다. 더구나 시집올 때 목화를 넣어 이불을 해 주셨던 부모님 생각에 이불 겉감만 벗겨낸 솜뭉치 몇 덩이도 그대로 있었다. 거의 창고로 쓰던 방이다. 모두 버려야 할 것들이다.

시간이 지나자 벽, 창틀, 문 모두 깨끗하다. 그곳에 싹이 돋아날 것 같다. 그 모습을 보자 마음에 가득했던 걱정이 사라지듯 기분이 좋아진다. 아무것도 걸리지 않은 깨끗한 벽을 바라본다. 그곳에 내 마음을 그리고 싶다. 새봄을 그곳에 그리고 싶다.

다음 주면 할머니 집에서 처음 이틀 밤을 자고 떠날 손녀들에게 잊히지 않는 추억을 만들어 주고 싶다. 그리고 그 아이들과 함께 새봄을 맞으며.

4부

어머니의 가을

7월을 보내며

105세로 고인이 된 지인 아버지의 장례식에 참석했다.

장례식장을 떠나는 리무진에서 흐르는 양주동님의 '어머니의 마음'이 바이올린 선율로 조문객의 마음을 파고든다. 이승에서 마지막 헌화하는 가족들과 지인들의 모습에서 두 볼에 눈물이 주르르 흐른다. 가슴이 뭉클하다.

리무진이 산소 입구까지 천천히 움직여 도착했다. 그곳에서 장지까지 그리 멀지 않은 거리는 꽃상여로 이동했다. 비가 부슬부슬 내려 산골의 적막을 깬다. 동행한 하객들의 발걸음이 슬프지만은 않다. 워낙 건강하게 장수하고 자손들 다 화목하게 지내고 있으니 감사할 따름이다. 하지만 고인은 25년 전 부인과 사별하고 긴 세월을 홀로 지냈으니 그동안 얼마나 적적하셨을까. 리무진이 멈추자 장지 가는 입구에 꽃상여가 준비되었다.

우리 일행은 꽃상여 뒤를 따랐다. 내 어릴 때 기억을 더듬어본다. 마을에 어르신이 돌아가시면 동네 아낙들은 상여 주변에서 좀 떨어져 그 모습을 지켜본다. 상여 앞에서 구슬피 선창하는 요령잡이의 사연을 들으며 모두 행주치마로 눈물을 닦는다. 상여가 고개 넘어갈 때까지 말없이 바라본다. 어린 시절이니 사람이 죽었다는 것과 상여 속에 고인을 싣고 산으로 장사하러 가는 것을 호기심 어린 눈으로 바라보았다.

지금도 잊히지 않는 구절이 있다. '이제 가면 언제 오나' (요령잡이) '어허 어화'(상여꾼) 그렇게 장단을 맞추며 발걸음을 재촉하여 상여를 메고 간다. 그때는 그렇게 하는 이유를 몰랐다. 그냥 슬프다는 마음이 들었다. 오늘 가까운 곳에서 지켜보니 그것은 상여를 이동하며 서로 발을 맞추는 데 꼭 필요한 운율 있는 상엿소리였다.

장지에 도착하니 보슬비가 그치고 25년 전 가신 부인의 묘소에 먼저 준비해 놓은 곳에 고인을 합장한다. 산 옆으로 고인이 타고 왔던 꽃상여. 그가 생전에 입었던 옷가지들. 그리고 소지품들을 모두 불에 태운다. 천천히 한줄기 연기로 사라지고 남은 것은 재뿐이다. 말 없는 푸른 산은 그 얄프른 연기까지 모두 품는다. 이 세상에서 105년 동안 살던 삶은 흙으로 돌아가고 있다. 그것이 우리 인생들의 삶이다.

그 모습을 지켜보며 나도 언젠가 저런 삶의 길을 거쳐 갈 것이다. 그것이 언제인지 기약 없지만 모든 사람들이 가야 할 필연적인 길이다. 사람마다 약간의 시간 차가 있을 뿐 다른 것은 아무것도 없다. 그렇게 가는 삶을 어떤 사람은 고단하게 살다 가고 어떤 사람은 평안히 살다 가기도 한다. 모든 것이 사람의 마음대로 되지 않는다.

사람은 세월이 지나 그 힘이 다 소진되면 생명을 마감한다. 사는 동안 자신에게 주어진 삶을 어떤 마음으로 사느냐에 따라 그 삶의 질이 달라진다. 긍정적인 생각과 매사에 감사하는 마음으로 하루하루를 산다면 얼마나 그 삶이 가치롭고 윤택하겠는가. 이것은 많이 가져서가 아니라 마음먹기에 달린 것이다.

고인은 오랫동안 아내와 격조했다 만났으니 천국에서 반갑게 해로하시겠지. 두 내외 기쁨의 눈물인지 고인의 아내 가셨을 때처럼 비가 내린다고 가족들은 신기한 듯 대화가 오간다. 살아생전 그렇게 정이 좋으셨다는데….

비는 바람과 함께 우리가 탄 봉고차를 매우 세게 때린다. 비가 오락가락하는 7월을 보내며 삶의 여정을 또 한번 깊이 생각해본다.

가을편지

어머니

억새꽃이 가을 언덕에 곱게 피는 9월이 되었어요. 어느덧 이순을 넘긴 흰머리 소녀에게도 가을이 오고 있어요. 아침저녁 부는 바람과 뜰에 피어나는 가을꽃이 전해 주네요. 분홍 구절초와 하얀 물매화도 목을 길게 빼고 파란 하늘이 보고 싶은가 봐요. 제가 어머니를 보고 싶어 하는 것처럼. 그 작은 꽃들이 말해주는 가을 소식을 오늘은 어머니께 전하고 싶어요.

어머니

우리 집 가까이 사는 분이 청양 고추를 땄다며 비닐봉지에 가득 담아오셨어요. 저는 봉지에서 빨간 고추를 골랐어요. 어머니와 함께 고추 밭에서 빨간 고추 땄던 기억이 나요. 아주 따가운 가을 햇볕 아래 어머니와 나란히 고추를 따던 기억이 오늘은 왜 이리 선명하게 살아나는지 모르겠어요. 잘 익은 고추 빛깔처럼 그렇게 곱게 말이에요. 그때 어머니는 하얀 수건을 머리에 썼고 저는 아버지의 밀짚모자를 써서 햇볕을 가렸었지요. 정성 들여 가꾼 고추로 김장 때 쓰라고 돌절구에 손수 찧어주시던 고춧가루가 생각났어요. 늘 좋은 것은 딸 주시려 했던 어머니가 오늘은 더 보고 싶어요. 어머니 생각할 때마다 눈가에 맴도는 눈물은 신이 사람에게 준 가장 값진 선물인가 봐요.

어머니

우리 집 뜰 이곳저곳에서 자란 참취 꽃을 꺾었어요. 제가 처음 도자 배울 때 손으로 빚은 투박한 하얀 화병에 꽂아 식탁에 놓았어요. 어머니 저희 집에 오셨을 때 함께했던 식탁이에요. 하얀 병에 평안히 자연스레 꽂힌 참취 꽃은 깔끔한 가을의 정취를 더해주네요. 늘 웃음을 머금으셨던 어머니 모습 같아요. 참취는 이곳저곳에서 씨가 떨어져 자라 꽃까지 피우고 있어요. 저희들이 어머니 품을 떠나 독립을 하듯 참취도 그렇게 해서 꽃까지 피우고 있네요.

어머니

이제 보름이 지나면 우리 명절 추석이 와요. 어머니께서는 추석 송편에 쓸 솔잎을 여름방학 8월에 뽑아 놓으셨지요. 그때 솔잎을 뽑으며 솔이 깨끗이 뽑힌다고 하셨어요. 그래서 직장생활할 때도 어느 해엔 그렇게 했었어요. 저는 그렇게 말씀하신 어머니 생각에 산책할 때 소나무만 보면 생각나요. 가끔 곁에 가서 솔잎을 몇 잎 뽑아보기도 했어요. 그리고 냄새도 맡아 보고요. 그럴 때마다 어머니가 보고 싶어요. 그땐 어린 저로 돌아가고 싶지요. 그래서 송편을 만들 땐 꼭 그렇게 솔을 뽑아 두었다 사용하면 좋다고 지인들에게도 전해 주었어요.

어머니

어제는 초등학교 때 친구들과 금자네 밭에 갔었어요. 고구마 줄기 따려고요. 그것을 빌미로 네 친구가 모였어요. 어머니께서도 다 아는 친구들이어요 영옥이, 정숙이. 친구들 거의 할머니가 되었어요. 함께 교직생활하고 정년퇴직하여 후반기의 삶을 살고 있어요. 늘 부담 없는 친구들이라 편안해요. 만나면 좋은 친구죠. 금자가 농사지은 것 고추, 가지 깻잎을 땄어요. 그렇게 흉허물 없이 지낼 수 있는 친구가 있어 너무 감사하지요.

점심때는 친구들과 함께 준비해온 김밥을 먹고 산 언덕에 누워 하늘을 보았어요. 키 큰 소나무 사이로 파란 가을 하늘이 저희를 내려보고 있었어요. '너희들 그렇게 좋으냐.' 하며 보는듯했어요. 저희들이 앉은 곳 주변에는 산새소리와 가을벌레가 가을바람과 함께 귓가에 들려요.

눈앞에 가까이 보이는 양지바른 산 아래 억새가 하얗게 피어 가을바람에 흔들리고 있어요. 어머니 보고 싶어 가을편지 전해드렸어요.

큰딸 효순 드림

외출

참 오랜만에 시외버스에 오른다. 통근하며 오랜 직장생활을 했던 나에게 버스는 친근한 고향처럼 정겨움을 더하는 교통수단이었다. 이른 아침 터미널은 활기가 넘친다. 해외 나들이로 긴 손잡이의 여행가방을 끌고 가는 모습에 눈길이 머문다. 그들의 설렘과는 다르게 내겐 무거운 외출이다.

새벽예배를 다녀왔을 때 문자메시지가 온다. 얼른 열어보았다. 안산에 사는 초임지의 제자인 그녀였다. 너무 이른 새벽 소식이라 마음이 불안했다. 제자의 친정어머니 소천 소식이다. 부지런히 아침밥을 지어 먹고 바쁘게 출발했다.

그녀는 40여 년 전 초임지에서 방과 후 문예반에서 지도하던 초등학생이었다. 그녀와 더 인연이 깊었던 것은 그의 동생 둘을 담임해 오랫동안 인연의 끈이 이어져 왔었다. 붙임성이 있어 내가 잠시 아이들 양육 관계로 사표를 내고 가정에 있을 때에도 먼 길을 마다 않고 찾아오곤 했다. 그리고 가끔씩 전화를 걸어 본인의 소재를 알려주고 친구들의 소식도 전해 주었다. 지금은 50이 넘어 함께 사회생활을 하는 삶의 동반자가 되었다.

달리는 시외버스의 차창으로 가로수와 먼 산의 겨울나무들이 빠르게 버스 뒤로 사라진다. 마치 너무 빠른 세월을 보는 것 같다. 오랜만에 바라보는 여유로운 창문 밖의 풍광에 마음 한 곳에 연민이 생긴다. 젊은 시절 많은 시간을 오갔던 애틋함도 묻어난다. 그때는 손안에 들어오는 문고판을 자주 탐독했다.

장례식장에 도착하여 안치실을 확인하니 담임했던 그들의 이름이 눈에 안긴다. 빈소엔 중년의 상주들과 그의 자녀인 듯한 젊은이들이 문상객을 맞는다. 몇십 년 만에 제자들을 보는 것이어서 잠시 상황을 살폈다.

난 제일 맏이인 그녀를 찾았다. 서로 끌어안고 눈물부터 쏟는다. 빈소엔 영정사진 속에 고인이 봄꽃처럼 화사하게 웃고 있다. 눈물을 닦고 담임하였던 그의 동생 둘을 확인하고 40년 만의 해후를 빈소에서 했다.

"선생님 죄송해요. 한 번도 찾아뵙지 못해서". 말끝을 흐리는 제자들의 눈가에 이슬이 촉촉이 맺힌다. 오랜만의 만남이 장례식장이란 곳이 안타까웠다. 그래도 열 살 되기 전에 함께 생활하던 아이들이라 더 애틋했다. 그들도 이미 다 부모가 되고 삶을 함께 살지 않는가. 이젠 교사와 학생이 아닌 서로 인생을 허심탄회 나누는 그런 관계가 되었다.

그들과 한 상에서 오찬을 나누며 긴 시간을 되돌려 본다. 머릿속에 아직 남은 그 친구들의 소식과 사는 이야기로 오랜만의 정을 나눈다. 오랜 시간이 지났지만 얼굴엔 어릴 때의 모습이 더 진하게 나타난다. 생글거리던 막내와 늘 뚝뚝했던 셋째, 살아있으니 이렇게 만날 수 있는 것이 우리의 삶인가 보다.

그녀는 2년 전에 남편이 떠난 이야기를 나를 배웅하며 들려준다. 손에서 따뜻한 체온이 전해진다. 그 상처가 조금 안정이 되어 가는데 어머니의 소식은 그녀를 더 힘겹게 하고 있었다. 차마 그녀의 애달픈 이야기를 듣기 민망했다.

내 모습을 본다. 난 그녀처럼 스스럼없는 삶을 살고 있는가. 문자를 받고 내 발길을 끌어낸 그녀의 순수하고 진실한 마음에 머리가 숙여진다. 내가 지인들에게 슬픈 소식을 망설임 없이 전하면 달려올 사람이 나에게는 몇이나 있을지 헤아려본다.

냉장고

냉동실의 문을 연다. 깨끗하게 정리된 내용물들이 마음까지 환하게 해준다. 실은 며칠 전에 오래된 냉장고를 수리했다. 밖은 꽃샘추위로 매우 춥지만 내가 지내는 집은 삶의 온기로 봄 같은 겨울이다.

냉장고를 언제 구입하였는지 오래되어 잘 기억이 나지 않는다. 우리 주방의 한 부분이 된 것이 10년이 훨씬 넘었다. 변화를 그리 좋아하지 않는 나는 분주한 직장생활 핑계로 냉장고 관리를 제대로 하지 못하였다. 어느 때 보면 언제 사다 넣었는지 모르는 부패한 것들도 가끔 있었다. 미처 봉지도 뜯지 못한 채 버리기도 하였다.

어느 날 외출했다 돌아와 냉장고 문을 열었을 때 불빛이 보이지 않았다. 벽에 있는 플러그가 빠져있었다. 어찌 된 영문인지 어머니께 여쭈어 보니 소리가 나서 코드를 뺐다고 하셨다. 컴퓨터도 소리 난다고 플러그를 다 뽑아 우리가 당황한 적도 있다. 문제는 냉동실에 얼었던 것들이 녹아 있었다. 그곳을 정리해야 하는 것을 뒤로 미루고 플러그를 꽂으니 녹은 물과 냉동실에 있던 것들이 얼어 한데 엉겨 붙어 꼼짝도 하지 않았다. 그때 시간을 놓치고 여러 날이 지나 마음의 짐만 쌓였다. 냉동실을 열 때마다 정리할 엄두가 나지 않아 걱정만 했다.

냉장고는 그뿐만 아니었다. 심한 소음과 더불어 냉장실 아래 칸에 가끔 물이 고이는 것이다. 물을 수건으로 다 짜내었는데 얼마 동안 괜찮다가 다시 며칠 전부터 물이 차기 시작했다. 하는 수 없이 냉장고 수명이 다 된 것 같아 교체하기로 했다.

지인이 명절 후에 우리 집을 방문하였다가 냉장고 소리를 들은 것이다. '왜 시끄러운 저 소리를 고치지 않고 있느냐'고 했다. 우린 냉장고가 오래되어 바꿀 계획을 이야기 했다. 지인의 말로는 서비스센터에 연락하면 금세 고쳐 준다고 하였다. 자기들은 더 오래된 것인데도 고쳐서 잘 사용한다고 했다.

이튿날 남편은 컴퓨터에서 구입했던 제품의 회사 홈페이지를 찾아 고장 신고를 하였다. 신고를 마치자 방문 시간, 수선하러 올 사람의 이름, 얼굴까지 게재되었다. 참 좋은 세상이다. 그런 것을 누리지 못하고 살았다니. 조금은 한심한 생각도 들었다.

신고 후 한 시간이 좀 남짓하여 기술자가 방문하였다. 그분은 냉장고를 살펴보더니 수리비가 5만 원가량 들겠다고 이야기한다. 내용물을 다 비워야 한다고 했다. 냉동실 위 칸에 있는 것들을 커다란 양푼을 가져다 놓고 그곳에 모두 옮겼다. 문제는 아래 얼음과 범벅이 되어 있는 것들이었다. 수리하러 오신 분에게 창피하고 미안한 생각이 들었다. 그분은 바가지에 물을 채우게 한 후 전기 송곳으로 얼어붙은 것을 물을 데워가면서 녹이기 시작했다. 그렇게 한 시간을 좀 넘게 작업을 하더니 냉동실 아래층에 붙어 있는 것들을 모두 떼어 내었다. 비닐에 쌓인 고기, 떡, 미숫가루 등이 어지럽게 들어있었다.

이번엔 물이 고이는 냉장실 부분을 수선했다. 두 시간 반 동안 냉동실과 냉장실의 부속을 교체하여 새 냉장고로 재탄생 시켰다. 친절히 수리한 덕분에 더 이상 냉장고에서는 시끄러운 소리가 들리지 않았다.

정리하지 못한 것들이 어찌 냉장고에만 있겠는가. 생활 속에서 제때에 해야 할 일을 미루어 두었던 것들이 보이지 않게 쌓인 것들은 또 얼마나 많은가. 기술자가 냉장고를 말끔히 수선하듯, 내게 아직 남은 일들을 이루는 한 해가 되었으면 한다.

어머니의 가을

며칠 전부터 날씨가 제법 싸늘하다. 가로수 은행잎이 노란 옷을 갈아입었다. 느티나무 역시 떠날 준비를 하는지 잎 빛깔이 차츰 바뀐다. 가을 잎도 갈 길을 화려하게 준비하며 내년을 기약한다. 왠지 그 모습 속에 우리들의 삶이 녹아있는 듯해 마음 한 곳이 처연해진다.

우리 집에 몇 년 전부터 낙엽 빛깔처럼 퇴색되어가는 어머니의 모습을 본다. 그 모습을 곁에서 지켜보며 내 미래를 보는 것 같아 마음이 아리다. 하루하루 변하는 생활이 사위어가는 모닥불처럼 가련해 보인다.

어제는 방에 식사를 차려드리고 시간이 좀 지나 문을 열어보니 그대로이다. 그리고 벽 쪽을 보시며 '저기 두 사람도 같이 먹어야지.' 하시며 손으로 가리킨다. 그러나 벽 쪽엔 아무도 없다. 남편이 스케치하려 인쇄한 둘째 아들의 흑백 사진이 있을 뿐이다. 난 어머니를 이해시키려 그건 그냥 종이라고 말씀을 드려도 이해가 되지 않은가 보다. 한참을 옥신각신하다 식사를 하셨다. 사진이 두 장 있었는데 한 장만 있으니 계속 하나가 어디 갔다고 말씀하시며 안절부절못하신다. 어머니는 그 사진을 실제 사람으로 착각하시는 것 같다. 자꾸 증세가 더 진해지는지 안타까울 뿐이다.

저녁 무렵 방문을 여니 간식으로 드린 화과자를 모두 가루처럼 부셔 놓으셨다. 그냥 잘 잡숫더니 그렇게 해놓으셨다. 어머니 머리맡엔 밝은 얼굴로 웃는 어머니의 둘째 손자가 사진에 있다. 어머니는 둘째가 자신을 보고 웃는다고 하신다. 어릴 땐 셋을 데리고 함께 자기가 벅차 저녁에 잘 땐 할머니와 둘째가 가서 자곤 했다. 아마 둘째의 기억이 다른 손자보다 훨씬 많이 날 것이다.

저녁을 드리러 문을 열고 보니 가져다 드린 빵을 그 둘째 사진의 입에 스푼으로 떠 넣고 계셨다. 같이 먹자고 해도 반응이 없으니 그렇게 하신 것 같다. '나는 안 먹어도 된다' 하시며 계속 말씀하신다. 그리고 물도 먹이려 하셨는지 사진 속의 입가에 물도 흘렸다. 갑자기 어찌 해야 되는지 감이 잡히지 않는다.

계속 어머니 옆에 함께 있을 수도 없고 생활을 해야 하니 틈새 외출을 한다. 그렇게 홀로 지내신 지도 3년 정도 되었다. 거의 보호 차원의 하루하루를 보내고 있는 것이다. 힘이 없으시니 노인들을 위한 기관에도 오갈 수 없다. 화장실 출입을 하시니 그래도 집이 가장 안정된 곳이기에 그렇게 지내시게 하는데 차츰 어떻게 해야 할지 걱정이다.

어머니는 워낙 성품이 온화하여 지금도 식사를 드리면 고맙습니다, 감사합니다. 그렇게 말씀하신다. 어느 땐 식사를 하시다 졸리면 숟가락을 손에 쥐고 그대로 요 위에 쓰러져 잠이 드시기도 한다. 아주 어린 아기들과 똑같다. 이웃에 있는 어르신은 힘이 있어 성당에서 노인들을 위해 유치원처럼 운영하는 시설에 아침에 가셨다가 저녁 무렵에 오신다고 하신다. 그곳에 비슷한 또래의 친구들도 있으니 나름대로 재미있단다. 우리 어머니는 애석하게도 힘이 부족해 그곳에도 가실 수가 없다. 손목은 앙상한 겨울나무 가지처럼 혈관이 다 드러나보여 보기가 안쓰럽다. 가는 다리로 겨우 종종걸음으로 거실과 방, 화장실을 조심스럽게 출입하시니 그나마 다행이고 감사하다.

아침에도 방에서 내가 보이는 곳으로 간신히 걸어오셔서 오만 원짜리 한 장을 보여 주신다. 그것을 어떻게 하실 거냐고 묻자 그냥 보라고 하신다. 돈이 있다는 것을 알려주시고 싶으신 것 같다. 돈이나 좋은 음식이 있으면 무엇하랴. 몸과 정신이 쇠약하여져 돈이 있어도 마음대로 쓸 수가 없으니 무슨 소용이 있단 말인가. 건강하여 활동할 수 있을 때 돈도 제대로 쓰고, 베풀어야 할 땐 베풀고 살아야 한다는 것을 요즈음은 더욱 절실하게 느낀다.

그 도도하고 강하던 자존심은 다 어디 가고 마치 어린 아기처럼 되신 어머니의 모습 속에 연민이 생긴다. 그렇게 사랑하던 손자들도 다 자신들의 삶을 위해 뿔뿔이 집을 떠나고 점점 늙어가는 아들 며느리와 함께 있어도 어디 그렇게 살갑지 못하니 얼마나 어머니도 적적하실까. 손자들처럼 정겹게 하지 못하고 덤덤한 시간을 서로들 보내고 있으니 우리도 답답할 따름이다.

나는 오로지 직장과 가정만을 오가며 분주했던 생활에서 정년퇴직을 했다. 나 역시 서서히 노인의 대열에 들어서 이제 좀 쉼이 필요한 때이나 어머님을 돌보아야 하는 입장이 되어서 늘 어머니 앞엔 자식일 뿐이다. 어디 삶이 그렇게 마음대로 될 수 있는 것이란 말인가. 어느 때는 며느리를 다른 사람으로 알아 안타깝다.

어머니도 아버님과 아들, 딸을 먼저 보내고 한평생 살아온 세월들을 생각하면 참 서글프다. 하지만 그 상황을 오로지 신앙으로 이겨내며 온 정성을 쏟으셨다. 그 공허했던 시간들을 태어난 손자들의 재롱으로 채우시고 이젠 증손녀 둘을 보셨으니 그리 서운하시지는 않으실 것이다.

가을은 더 깊어지고 나뭇잎들은 제 갈 길을 준비하며 옷을 갈아입는다. 언젠가 모든 사람이 가야 하는 길. 가을 잎은 유랑을 떠나며 내년을 기약하는 겨울눈을 남긴다. 다시 아기가 되신 어머니께서 뿌린 씨앗들이 비바람을 이겨내며 올곧게 자라고 있으니 어머니의 가을은 풍성하리라.

종호의 마음

교회 다녀와 집 정리를 한다. 그때 충대 입구라며 전화가 왔다. 어제 문자가 왔던 제자다. 난 서원구청 후문으로 오라고 전했다. 5분 후에 도착하여 전화를 받고 부지런히 나갔다. 초임지를 떠나온 후 처음 만나는 제자. 마음이 설렌다.

BMW에서 내리는 미옥이와 종호, 종호는 어린 시절 모습이 큰 눈 아래 주름진 얼굴에서 볼 수 있었다. 가까운 식당으로 가자는 그들을 우리 집으로 안내했다.

새해 첫 주말에 종호에게 문자가 왔었다. 초임지에서 담임했던 아이들이다. 지금은 어느새 50이 넘은 제자다. 이들과 소통하게 된 것은 지난가을 퇴임전 근무처에서 날 찾는 전화가 왔다고 전했다. 번호를 가르쳐 주어도 되느냐는 확인 전화였다. 초임지 제자라고 했다. 그 후 한동안 카톡에 정신없이 길게 리플이 달렸다. 난 어린 시절 얼굴만 기억하는데 제자들은 벌써 중년이 되어 함께 세월을 보내는 것 같았다.

가을이 가고 말없이 연말을 보내고 새해를 맞이했다. 오랜만에 처음 만나는 제자들인데 밖에서 대접을 하긴 마음이 내키지 않는다. 내 정성을 그들의 마음에 담아 주고 싶었다. 집 떠난 자식들 생각하니 내 자식 같은 마음도 들었다. 굴국과 시금치나물, 옻순, 멸치조림, 김치, 간단한 반찬과 함께 돼지고기를 구웠다. 조촐한 밥상이다. 제자들은 집밥이라며 흐뭇해했다.

지금도 눈에 선한 것은 아이들 생활 돌아보려 가정 방문을 갔을 때다. 부모님은 모두 계시지 않고 뜰에 쑥스러운 듯 서있던 모습이 잊히질 않는다. 당시 1970년대 초에는 농촌이 매우 살기 어려웠다. 대부분의 부모들이 아이들만 집에 두고 일터에서 열심히 일해 살림을 꾸려갔다.

그렇게 어린 시절을 보냈지만 열심히 노력해 서울에서 직원을 두고 운영하는 사업 터, 고등학교 다니는 남매와 아내. 한가정의 가장이 되어 살고 있단다. 초등학교 3학년 때 담임인 나에게 변화된 모습을 보여 주고 싶었던 것은 아닐까. 그러면서 내가 초임지를 떠날 때 조회단에서 울던 이야기를 한다. 자신도 울었다고. 그때를 되돌리며 지나간 감정도 말한다.

그때 여교사는 주로 저학년을 맡았다. 그중엔 가정이 어려운 아이들이 많이 있었다. 40년이 지난 지금까지 잊지 않고 찾아오는 것을 보면 참 고맙고 감사하다. 그들의 마음에 나는 무엇을 남겨 주었나. 나도 그땐 20대 초반이고 집 떠난 산골의 새내기 교사였는데.

그들과 지난 시절을 떠올리며 내 머리에 생각나는 제자들의 안부를 하나하나 확인하며 짧은 시간들을 보냈다. 이미 저세상 사람이 된 안타까운 제자, 산골에 남아 고향을 지키는 제자, 대학 강단에서 후진 양성에 매진하는 교수가 된 제자. 여러 방면에서 자신들의 삶을 가꾸며 열심히 살아가고 있었다. 그래도 옛정을 생각하고 찾아온 제자는 학교 다닐 때 공부를 안 하던 제자들이다.

퇴직하기 전 고등학교 동문회가 있었다. 그때 담임 선생님을 초빙한다고 했다. 내 담임선생님은 1학년과 3학년 때 맡아주셨던 분은 계시고 2학년 때 선생님은 고인이 되셨다. 난 정성 들여 편지를 쓰고 내 수필집 두 권과, 편지 속에 작은 마음을 담아 드렸다. 그때는 나도 염세주의에 빠져 공부도 하지 않고 책만 읽는 성적으로는 지진아였으니까. 그 후 선생님께서 얼마나 기뻐하셨던지….

종호의 마음이 나처럼 그러하지는 않았을까. 그런 자신을 돌아 보며 종호의 마음과 같음을 찾아 본다. 오늘 나를 찾은 종호와 미옥이 그들에게 내 마음이 담긴 집밥을 함께 나누었다. 그들과 나의 정이 오가길 바라며.

문장대를 오르며

오리 숲을 지나 등산로에 접어든다. 얼음장 밑으로 흐르는 맑은 물소리에 발걸음이 가볍다. 신선한 바람과 맑은 공기, 추위도 잊고 어느덧 그 산과 나는 하나가 된다. 산을 좋아하지만 속리산처럼 여러 번 가본 곳은 없다. 찾을 때마다 말없이 서있는 숲이 시절에 따라 그 모습을 다르게 연출하며 나를 맞아 주었다. 힘겹게 한 겨울 산행이었지만 지난 시간들을 되돌아보는 시간이었다.

낡은 앨범을 펼치니 겨울나무 원줄기가 힘차게 뻗어있다. 그 아래 흰 눈을 배경으로 찍은 흑백사진에 젊은 날이 곱게 배어난다. 처음으로 찾은 속리산의 기념사진이다. 친구와 나란히 눈밭에서 포즈를 취한 모습이 싱그럽다.

지나간 세월 속에 내 삶이 묻어난다. 흰 눈을 비집고 푸른 잎사귀를 드러낸 조릿대는 하얀 겨울 산과 함께 정겹게 앉아있다. 속리산과의 만남이 처음으로 시작된 것이다. 오래전, 남편과 처음 맞선을 보고 가을 연휴에 찾은 곳이다. 만난 지 두어 달 지났는데 그는 속리산을 가자고 했다.

곱게 물든 가을산은 비단처럼 화려했다. 산은 오색단풍으로 젊은 남녀의 마음을 설레게 했다. 분주한 직장생활에 단련되지 않은 다리로 산을 오르는 것은 무리였다. 가을 정취에 취하여 파란 물빛 같은 하늘을 바라보았다. 어머니의 넓은 품 안처럼 편안한 곳, 등줄기와 이마에서 흐르는 땀을 연신 닦았다. 바위가 먼 하늘에 닿을 듯 솟아있다. 있는 힘을 다해가며 문장대를 향해 가는 발걸음, 내 긴 삶의 여정으로 생각되었다. 문장대에 올라 펼쳐지는 봉우리를 경이롭게 바라보았다. 아무 말없이 전해지는 자연의 숨소리, 마음을 맑게 씻어주었다.

그 후 결혼하여 아이를 낳고 생활하면서 다시 직장에 가게 되었을 때 남편은 부임하기 전에 속리산으로 나를 안내했다. 나를 만나 처음 오르던 그곳이 생각났던 모양이다. 아마 새로운 다짐을 하는 뜻으로 배려한 것 같았다. 한동안 아이들과 함께 지내며 산을 오르는 것을 잠시 잊고 살았다.

무엇인가 삶의 변화가 있을 때마다 문장대를 오르며 새로운 다짐을 하곤 했다. 어수선한 마음을 정리하고 문장대를 오르며 씻어 보자는 것이다. 흐른 땀을 닦아내듯이 마음의 모든 찌꺼기들을 씻어내고 새로운 시작을 하기로 했다.

여러 해가 지났지만 산은 그대로 그곳에서 나를 기다리고 있었다. 아무 원망도 없이 묵묵히 감싸며. 친정어머니가 딸을 반기듯 속리산은 세월의 때 묻은 나를 깨끗이 씻어주었다. 그 돌, 계단, 멀리 보이는 산봉우리, 모두 옛 모습 그대로였다. 숲은 더 울창해지고 성숙되어 있었다.

쌍둥이 아들이 ROTC 장교로 임관 받기 전 우리는 둘이 오르던 문장대를 아이들과 함께 찾았다. 겨울의 등산로는 흙이 보이지 않는 하얀 세계였다. 소나무와 조릿대, 가끔 큰 나무줄기의 끝에 붙어있는 겨우살이가 우리들을 반겼다. 동작 빠른 다람쥐의 눈 맞춤도 빼놓을 수 없는 겨울 산의 이벤트였다. 겨울의 칼바람에 흔들리는 조릿대의 푸른 속삭임은 사회로 첫 발을 내딛는 쌍둥이를 축하해주는 노래였다.

힘겹게 문장대를 오르는 것처럼 새해를 한 걸음씩 밟아간다. 평안한 마음으로.

아침 산책

아침 6시가 되면 산책을 나간다. 시작한 지 벌써 일 년 가까이 됐다. 국민체조로 음악에 맞추어 먼저 몸을 풀고 흥덕사지 산책로로 향한다. 귀찮지만 병원 치료라 생각하며 하루하루를 시작한다. 다녀오면 기분이 상쾌해 하루가 즐겁다. 바쁜 아침 시간을 내어 산책하는 것은 내게 여러 이유가 있다.

지난해 새해부터 손, 다리, 허리, 여러 곳이 아파 한의원에 가서 침도 맞고 한약도 달여 먹었지만 차도가 없었다. 하는 수 없이 정형외과를 다니며 약을 많이 복용했다. 치료 중에도 허리와 다리를 칼로 찌르는 것처럼 여러 곳이 소름이 돋도록 통증이 아주 심해 힘든 시간을 보냈다. 담당 의사도 통증의 이유는 잘 모르겠다고 했다. 걱정이 되었다.

아침에 일어나면 손등이 퉁퉁 부어 움직임이 불편했고, 체중은 증가하여 더 힘이 들었다. 거울 안에 있는 얼굴은 내 모습이 아닌 것처럼 보였다.

이제 육십 중반을 향해 가고 있는데 벌써부터 아파 힘이 들면 앞으로의 삶은 어떻게 펼쳐질지 걱정이 앞섰다. 그러면서 방법을 바꾸었다. 병원 약도 먹지 않고 아침 산책을 시작했다. 자연 치유를 택한 셈이다.

아침 산책을 시작한 것은 지난해 여름이었다. 과체중에 운동이 부족하여 여러 방법을 동원해 보았다. 지난해 3월 출근할 때 운천교를 지나 율량천 입구에서 남편이 내려주면 걸어서 근무처까지 가는 것이었다. 그것도 몇 달 해 보니 여러 가지 불편함이 많았다. 봄이 지나 여름이 오니 햇살이 얼굴을 비춰 눈이 부셨고, 장마철에는 많은 물로 걸을 수 없어 건너뛰는 경우가 거듭되었다. 또한 저녁 식사 후 체육관 걷기는 직장인으로 빠지는 날이 많기 때문에 그것도 접고 말았다. 하는 수없이 맨 나중 선택한 것이 아침 산책이었다. 특별한 날을 제외하곤 계속할 수 있기에 그 방법이 가장 좋다고 생각했다.

아침 산책은 4시 30분에 일어나 말씀과 기도가 끝난 후 집을 나선다. 아침 식사 준비를 어느 정도 해놓고, 계절에 따라 시간을 조절했다.

이른 봄 흥덕사지 둘레길을 걸을 땐 하늘에 새벽 별도 보이고 어느 땐 달빛도 은은히 운치를 더했다. 잠이 없는 노인들이 일찍 일어나 걷기에 나도 그중의 한 무리가 되어 참여하였다. 자연 속을 걷는 것이라 마음도 상쾌하고 몸도 그리 피곤하지 않았다.

비 오는 날은 우산을 들고, 겨울엔 눈이 발목까지 쌓여 눈길을 미끄러지며 걸었다. 출장 가는 날을 제외하고 산책을 한 셈이다. 어느 일이든 한번 시작하면 마무리를 하는 것이 몸에 배어 힘은 들지만, 꾸준히 실천하였다. 다행인지 아침 산책 걷기를 하며 몸의 여러 증상들이 서서히 사라지기 시작했다.

그곳은 숲이 어우러진 자연이라 계절의 변모와 하늘의 변화를 볼 수 있어 마음이 상쾌하다. 가끔 철따라 피는 들꽃을 감상하며 마음의 여유도 가져본다.

지난 건강검진 때 과체중과 콜레스테롤 수치가 높아 관리하라는 통보를 받았다. 오늘도 가벼운 마음으로 내 발길은 아침 산책로로 향한다.

환승

'환승입니다.' 네모난 시내버스의 기기에서 소리가 들린다. 그 목소리가 들릴 때마다 약간의 희열을 느낀다. 출발선에서 열심히 달려와 결승선에 제일 먼저 도착한 선수처럼. 자가용을 운전하지 않으니 시대와 좀 먼 느낌의 삶을 살고 있다.

며칠 전 수선을 맡긴 구두를 찾기 위해 시내버스를 기다렸다. 집에서 정류장이 가까워 2분 정도 걸린다. 시간의 제한을 받지 않지만 정류장 의자에 앉아 있는 것이 지루했다. 조금 전 버스가 출발했는데 기다려도 오지 않는다. 어느 땐 연거푸 두 대가 같이 올 때도 있어 그것만 믿고 미련하게 기다리다 보니 거의 30분이 지나 도착했다.

지난해부터 우리 동네에 시내버스가 다니기 시작했다. 처음엔 상당산성 가는 버스가 청주체육관 옆에서 한 대가 출발했었다. 그땐 집에서 10분 이상을 걸어 나와 이용했다. 그렇게 1년을 넘게 운행하더니 3대가 더 생겨 4대나 됐다. 그리고 노선도 청주의료원을 거쳐 예술의 전당과 야구장을 거쳐 시내로 가는 노선으로 바뀌었다. 시에서 버스 회사에 지원하기 때문에 승객이 많지 않아도 버스 노선을 운영한다고 한다. 제일 신나는 것은 나처럼 승용차를 운전하지 않는 사람에겐 아주 기쁜 소식이다. 필요할 때마다 편하게 이용한다. 시내에서 볼일을 보려면 얼마나 편리한지 살다 보면 이런 날도 있다는 생각이 든다. 자가용 시대에 대중교통을 주로 이용하는 내겐 참 기분 좋은 일이다.

더 신기한 것은 환승 제도다.

지난 5월부터 환승시간이 30분에서 40분으로 연장됐다. 생활인들에겐 묘미가 있다. 수선집에서 구두를 찾고, 백화점에서 할인 판매에 들어간 상품들을 구입하여 버스 승차장으로 돌아왔다. 그때 바로 우리 마을을 지나는 버스가 정차했다. 버스 표를 찍으니 '환승입니다.'라는 음성이 들리는 것이 아닌가. 마음은 작은 기쁨으로 설렌다. 몇 군데를 들렀기 때문에 시간이 많이 지났다고 생각하였기 때문이다.

돈으로 따지면 1200원 아주 작은 액수다. 그러나 대중교통을 이용하는 사람들은 그 작은 금액이 삶의 한자리에 활기를 준다. 나만 그렇게 느끼는지 모르지만. 시내 볼일이 있을 때 그렇게 시내버스를 이용하니 참 편리하다. 40분 정도면 평범한 일상은 거의 처리할 수 있는 장점이 있다. 주차하는 곳 신경 쓰지 않아 편하고 차를 타고 가며 사람 사는 모습 넉넉히 바라볼 수 있으니 마음의 여유가 생긴다.

차 안의 승객은 젊은 학생들과 힘없는 노인들, 아주머니들이 주로 이용한다. 경제적인 여건이 미흡한 사람들이다. 그러나 그렇지도 않다. 시내에 차를 가지고 나가면 주차공간이 부족하여 한참 동안 스트레스를 받는다. 그래서 요즈음 웬만한 시내 볼일은 남편과 함께 버스를 이용한다.

몇 년 전 덴마크에 갔을 때 국회의사당 앞에는 자전거가 100대도 넘게 정거 되어 있었고 승용차는 10대 정도도 되지 않았다. 선진국의 검소한 모습이 마음에 조심스레 담겼다. 거리가 혼잡하지 않고 매연도 줄어드니 공기도 맑아지고 거리가 깨끗하다. 그곳 사람들은 드레스 셔츠를 일주일 입어도 깨끗하다고 한다.

우리는 어떤가. 우선 집은 없어도 자동차 먼저 구입하고 좁은 거리에 자동차가 넘치니 교통 혼잡이 초래되고 있다. 분주하지 않으면 가까운 거리는 걸어 다니고 대중교통을 자주 이용하여 거리의 흐름이 원활해지면 어떨까.

끈

"할머니" 하고 둘째 손녀가 현관으로 들어온다. 설날 아침에 화사한 한복을 곱게 차려입은 것이 봄날 양지바른 산언덕에 핀 복사꽃 같다. 목엔 어제 나와 함께 동네 슈퍼에서 사온 핑크색 목걸이가 걸려있다. 그 모습이 어찌 그리 귀엽고 예쁜지 두 팔을 크게 벌려 품 안에 안는다.

우리 가정은 설 전날 둘째네 가족 넷이 함께 모여 설 준비를 했다. 맏이 내외는 미국에, 막내는 회사일로 함께 하지 못해 영상통화로 그간의 정을 나누었다. 아들, 손주, 며느리 다 모였다. 음식을 장만하며 손녀들의 재롱에 모처럼 거실엔 웃음꽃이 핀다. 동그란 전을 먼저 빚고 만두를 빚는데 만두피가 모자란다. 난 슈퍼에 가려고 손녀 둘을 보며 “온유 소명아, 할머니와 같이 만두피 사러 갈까”라고 물었다. 금세 두 눈에 생기가 돈다. 안방 가득히 장난감을 늘어놓고 놀던 것을 뒤로하고 따라나선다.

참 오랜만에 두 손녀를 양손에 잡고 마켓으로 향했다. 늘 유치원에서 근무하며 원생들 손을 오래도록 잡다가 이젠 퇴직하여 이런 호사도 누리게 된 셈이다. 작은 손녀는 몇 번인가 꼭 잡은 손을 뿌리친다. 자기 마음대로 걷고 싶은 모양이다. 마을 길 좁은 곳에 도로가 복잡해 두 아이들을 데리고 가는 것도 신경이 쓰였다.

슈퍼에 도착해 난 만두피와 손녀들이 원하는 귤과 딸기를 바구니에 담는다. 작은 손녀는 슈퍼에 들어서자 급히 입구에 있는 긴 대롱 모양으로 생긴 초콜릿을 고른다. 큰 손녀는 매사에 신중해서 한참을 살피더니 모형 보석함에 발길이 멎었다. 값을 묻자 주인은 그것은 좀 비싸서 만원이라 했다. 작은 것이었지만 아이들 마음이 가도록 온통 핑크빛인 아주 작은 보석함이다. 카운터에서 계산을 마치고 집으로 가려 할 때 작은손녀는 언니 보석함과 같은 것을 골라 와서 바꾸자는 것이다. 이미 계산이 다 끝났다. 하는 수 없이 다시 부족한 액수를 지불하고 집으로 돌아왔다.

돌아오면서 얼마나 좋아하는지 나도 덩달아 기분이 좋았다. 보석함이라 열쇠도 있다. 며느리가 열쇠로 보석함을 열자 불빛이 반짝이며 고운 소리가 들렸다. 그리고 그 함엔 인조진주로 만든 핑크색 목걸이에 하트 모양이 가운데 달려 더 예뻐 보였다. 손녀들이 좋아하는 모습에 내겐 아쉬움이 남는다. 3월이면 둘째가 유학길에 오르기에 네 식구가 모두 동행한다. 출국하기 전에 함께한 어린 손녀들과의 작은 추억 나들이처럼 느껴진다.

우리 내외와 어머니만 또 남게 된다. 가끔 손녀들의 귀여운 재롱을 보았는데. 몇 년은 곁에서 못 보게 될 것을 생각하니 마음이 착잡해진다. 두 손녀는 자기들이 좋아하는 것을 가져 한창 기분이 들떠있다. 그런데 내 마음 한 곳은 이렇게 허탈해질까.

손녀딸의 목걸이를 만져 보았다. 신축성 있는 하얀 끈에 한 알 한 알 엮여 원을 만들어 아이들이 좋아하는 예쁜 액세서리가 되었다. 이것을 보니 문득 집을 떠나 사는 아이들이 생각난다. 우리 아이들도 어릴 때는 저렇게 구슬처럼 가족이란 끈에 꿰어 있다 갈 길을 찾아 새로운 끈에 구슬을 꿰어 사는 것이 아닌가. 어쩌면 어린 시절 끈보다 더 굵은 끈으로 가족이란 목걸이를 만들고 있지 않은가.

명절을 통해 멀리 있던 가족들도 한 곳으로 모인다. 혈연이란 끈으로 엮어진 것이다. 인조진주 한 알 한 알이 가는 끈에 꿰어 예쁜 목걸이가 되듯이, 혈연으로 맺어진 식구들 한 사람 한 사람이 가족이란 끈으로 아름다운 가정을 이루니 얼마나 감사한가.

까치와 독수리

잎이 진 가지에 겨울바람이 차갑게 분다. 아직 떨어지지 않은 마른 잎들, 파르르 떨며 저물어가는 한 해를 안타까이 지켜본다. 감나무 가지에 매달린 까치밥이 겨울 하늘에 더 선명하다. '감나무 언덕'의 창밖으로 보이는 정경이 쓸쓸하지만 운치가 있다.

까치 두 마리는 까치밥을 먹으려 깍깍거리며 감나무로 날아온다. 그때 나타난 새 한 마리가 보였다. 정확하게 알 수는 없었지만 새매 같았다. 까치 두 마리는 자기들의 영역을 넘보는 그 매를 둘이 공격하여 끝내 쫓아내고 말았다. 영역 싸움은 사람, 동물, 식물 모두 자신이 살아남기 위한 몸부림인가 보다. 작은 까치의 협력하는 모습이 무척 놀랍게 보였다.

여러 해 전 겨울이었다.

막내가 군에 있을 때 면회 간 적이 있다. 말로만 듣던 전방부대였기에 남편과 처음 찾아가는 길이 조금 두려웠다. 눈에 띄는 빨간 글씨로 '지뢰 조심' 그리고 부대 입구마다 높게 쌓아놓은 군복 색깔의 모래포대와 담, 그리고 철조망이 마음 한 곳을 스산하게 했다. 그런 마음을 안고 찾아간 그곳에 넓은 연병장이 눈에 들어왔다. 온통 군복 입은 젊은이들로 가득했다. 추운 겨울처럼 그곳의 분위기도 을씨년스러웠다.

아이를 만나 그간의 이야기를 나눈 후, 연병장 하늘을 바라보니 독수리 한 마리가 큰 원을 그리며 돌고 있었다. 큰 날개를 양쪽으로 펴고 힘차게 연병장 하늘을 나는 모습이 아주 늠름해 보였다. 우리가 사는 내륙에서는 한 번도 보지 못한 새라 고개를 뒤로 젖히고 하늘을 바라보았다. 신기했다. 동물원이나 텔레비전을 통해 보았을 뿐 처음 보는 것이어서. 조금 후엔 까치 몇 마리가 날아왔다.

구름 한 점 없는 파란 겨울 하늘 아래 신기한 상황이 펼쳐졌다. 공중에서 까치와 독수리의 다툼이 벌어진 것이다. 작은 까치 여러 마리가 저보다 훨씬 큰 독수리를 사방에서 깍깍거리며 공격을 시작하였다.

한참 공중전을 하더니 독수리가 지쳤는지 까치들의 공격에 그 자리를 뜨고 말았다. 이것을 사람들에게 이야기를 하면 믿지 않는다. 어떻게 그 매서운 독수리가 까치에게 쫓겨 가느냐는 것이다. 그러나 현실은 보통 사람들의 상상을 바꾸었다. 직접 눈으로 보았으니 믿을 수밖에. 까치 여러 마리의 작은 힘이 모아지니 큰 독수리도 내어 몰았다. 까치는 반가운 소식을 전해주는 영물로 사람들 주변에서 함께 살아가는 것으로만 나는 알고 있었다. 작은 고추가 매운 것처럼 까치에겐 알지 못했던 끈질긴 강인함이 있었던 것이다.

이 모습을 보며 우리 삼 형제를 키우던 때가 생각났다. 막내가 동네 아이한테 얻어맞고 울고 들어왔을 때, 쌍둥이 녀석이 대문을 열고 뛰어나가더니 때린 아이 앞가슴 부분의 옷을 손으로 쥐고 혼내 주고 있었다. 제 동생을 보호하기 위한 형제 간의 우애가 기특하게 보였다. 그것을 말없이 보는 것은 바른 일은 아니지만, 어린 것이 동생을 배려하는 마음이 보여서 그냥 묵묵히 지켜보았다.

쉼없이 떨어지는 작은 물방울은 바위를 뚫고, 골짜기의 도랑물은 모여서 큰 강을 이룬다.가정이나 일터에서 어떤 어려움이 있을 때 서로서로 힘을 모아 지혜롭게 이겨내는 모습이 세모를 맞으며 여러 곳으로 번져갔으면 좋겠다. 이런 것이 모두 우리가 사는 나라를 위한 것들이 아닌지.

까치가 그렇게 작은 힘을 서로 모아 큰 독수리를 몰아내는 것처럼.

모과나무 잎

밤바람에 물들지 않은 나뭇잎이 수북이 떨어졌다. 우리 옆집에 있는 모과나무다. 거의 30년 자란 모과나무는 그 집 안방 창문 앞을 모두 가렸다. 전깃줄도 가렸다. 바람이 불 때마다 그 잎이 떨어져 골목 바닥에서 춤을 춘다. 골목길은 바람 부는 대로 잎사귀들이 몰려다니며 길을 어지럽힌다.

우리가 사는 골목은 집집마다 마을이 생길 때 몇 그루씩 나무를 심었다. 우리 집과 앞집도 감나무 유실수를 들였다. 작았던 감나무도 세월이 지남에 따라 감도 달렸다. 가을이면 감 따는 재미도 솔솔 있었다. 감나무가 자라자 가지가 담 밖으로 뻗어갔다. 감이 익을 때는 몇 개씩 떨어져 골목길에 빨간 그림을 그리곤 했다. 출근해서 돌아오면 미처 쓸지 못한 감잎들이 골목에 널브러진다.

어느 해 가을 감나무를 베었다. 아까웠다. 하지만 여러 사람에게 민폐를 끼지는 것이 마음에 내키지 않았다. 초겨울이 되며 감잎이 막 지기 시작하자 사람들이 잎을 밟고 다녔다. 길이라 우리만 생각할 수 없어 감나무를 베었다. 앞집도 2년 후 감나무를 베고 나니 우리와 앞집 골목길은 깨끗해졌다. 그리고 미처 쓸지 못 했을 때의 부담도 덜었다.

문제는 옆집이었다. 그 큰 모과나무에서 떨어지는 나뭇잎을 한 번도 쓸지 않고 있었다. 아무 감각이 없는지 몇 년이 지나가도 쓸지 않는다. 담보다 높은 나무는 옆에 있는 그 집뿐이었다. 해마다 앞집에 있는 이와 내가 보기가 좋지 않아 쓸곤 했다.

한 달 전이었다. 그날도 골목에 날아다니는 모과나무 잎을 수수비로 쓸어 그 집 대문 옆에 비닐봉지에 담아 세워 두었다. 전에는 그 낙엽을 모두 쓸어 우리 집으로 가져왔었다. 그래서 쓰레기 버릴 때 함께 버렸다. 몇 년을 그렇게 했다. 젊은 여주인에게 말하기도 쉽지 않아 앞집 지인과 함께 했다. 그 여인은 아기가 어릴 때부터 그 집에 살았다. 그 아이가 커서 중학생이 되었다. 내가 쓸어도 되지만 한번 알아듣도록 말해 보고 싶었다. 이런 용기도 지난봄에 도배할 때 음식

점에서 그와 만나 사는 이야기도 나누었기 때문에.

하루는 남편과 시장 다녀오는 길에 우연히 그 여인을 그 집 대문 앞에서 만났다. 나는 자연스럽게 "아기 엄마 제가 모과나무 잎사귀 비닐봉지에 쓸어 담았어요. 쓰레기 버릴 때 함께 버리세요." 자연스럽게 웃으면서 이야기하고 집으로 들어왔다. 그 후에도 계속 나뭇잎이 떨어지면 비닐봉지에 담아 그렇게 했다. 어느 날 그 여인은 내가 나뭇잎을 다 쓸고 비닐봉지에 담고 있을 때 빗자루를 들고 나왔다. "제가 쓸려고 했는데…." 하며 미안한 듯 웃으면서 말끝을 흐렸다. 그 후 골목은 가끔 어설프게 비질한 흔적이 보였다. 처음엔 자기 집 앞에 떨어진 잎만 쓸었다. 바람 불어 우리 골목까지 날아온 것은 그냥 두었다. 그렇게 그 여인의 나뭇잎 쓸기는 시작되었다.

크리스마스 날 아침 집을 나섰다. 골목은 나뭇잎이 가득했다. 밤에 바람이 많이 분 것 같았다. 귀가할 때 골목에 들어서니 말끔히 청소되어 있었다. 우리 집과 앞집 앞에 있는 잎사귀까지 모두 쓸었다. 좀 더디게 쓸면 내가 쓰는 것을 아는지 요즈음은 자주 골목길은 물론 집 앞까지 날아온 것도 쓴다. 차츰 변해가고 있다. 그 여인이 자기 집 앞의 모과나무 잎을 청소하기까지는 참 오랫동안 기다렸다. 오랜 기다림의 결실로 골목길은 깨끗하게 청소되고 있다.

5부

둥지를 떠나며

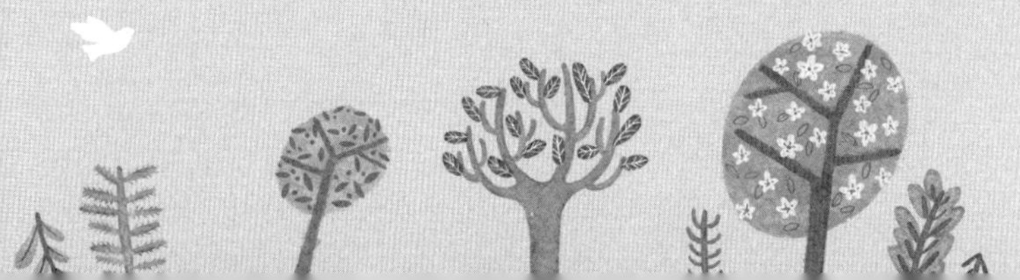

퇴임 선물

꽃집 여주인이 상아색 사각봉투 하나를 건네준다. 석곡으로 알게 된 교수님이 내게 보내준 퇴직 선물이라고 했다. 뜯어보니 DVD 네 장이 들어 있었다. 지난해도 유치원 아기들과 함께 감상하라며 귀여운 애완견의 모습이 담긴 영상과 음악이 곁들인 것을 보내주신 분이다.

그 DVD엔 좋아하는 클래식이 여러 곡 담겨있었다. 고전음악을 좋아해 자주 듣고 싶어도 그런 여건이 잘 주어지지 않아 마음에만 그리던 것이었다. 모처럼 여유 있게 음악을 들으며 주말의 시간을 유익하게 보낼 수 있었다.

전해 받은 DVD를 컴퓨터에 넣고 마우스를 누르니 〈숲 속의 물레 방아〉가 화면의 시원한 배경과 함께 거실 안을 가득 채운다. 〈뻐꾹 왈츠〉, 〈가보트〉, 오랜만에 귀가 호사한다. 그렇게 감상하고 싶었던 음악도 분주한 삶에 쫓기다 보니 내 생활주변에서 거의 멀어져 있었다. 젊은 날 자취생활을 할 때는 야외 전축을 구입하여 엘피판을 아주 많이 들었다. 퇴근 후의 시간을 그 일로 소일하였으니까. 그러나 선물 DVD는 직접 연주 실황과 배경이 함께 담겨 있어 더욱 생동감이 넘쳤다.

음악은 늘 내 마음에서 떠나지 않고 삶을 윤택하게 조절해 주었다. 주변이 삭막할 때도 음악을 들으면 어느새 차분해져서 안정을 되찾고 주변에 활기가 넘치게 된다. 음악과 자연, 그 속에서 삶을 엮어갔다. 생활 속에 음악이 없으면 건조한 삶이 지속될 것 같은 생각도 해봤다.

이런 것을 내게 보내주신 분은 얼굴도 한번 뵙지 않아 잘 모른다. 꽃집 주인을 통해 들은 것뿐인데……. 어찌 되었든 참 감사한 마음이 든다. 세상은 이렇게 보이지 않는 곳에서 다른 사람을 배려하고 자기 재능을 서로 나누며 사는 이들로 살맛이 난다.

이어 드보르자크의 〈신세계 교향곡〉과 엘가의 〈사랑의 인사〉. 모두 귀에 익은 곡들이라 더 친근하게 들린다. 퇴임 선물로는 안성맞춤이다. 오래도록 곁에 두고 들을 수 있으니 얼마나 좋은가.

8월 말 정년을 앞두고 여러 생각들로 마음이 조금 어수선하다. 가장 염려가 되는 것은 이른 새벽부터 타이트하게 짜인 시간이 갑자기 멈춤에 대한 약간의 두려움이다. 만나는 사람마다 퇴임하면 무엇을 하느냐 묻는 것이 요즈음 받는 인사다.

오래전에는 정년퇴직은 거의 노인의 대열에 입문하는 것처럼 많은 사람들이 생각해왔다. 요즈음은 평균수명이 늘어나 퇴임 후에도 다시 제2의 인생설계를 할 수밖에 없다. 60대 초반은 노인 축에도 끼지 못하니 말이다.

먼저 퇴직한 남편은 미리 대비하여 학업과 본인이 하고 싶은 중어중문학을 열심히 해서 그날그날을 보람 있게 보낸다. 옆에서 그 모습을 보며 꼭 저렇게까지 할 필요가 있을까 생각했는데 막상 나에게 서서히 다가오니 그것이 얼마나 현명한 선택이었는지 공감이 되었다. 지금 나는 여러 갈래 길에 서서 가는 길을 잡지 못하는 나그네의 마음 같다.

우선 손쉽게 가지고 다닐 수 있는 악기 하나를 배우고 싶고, 평소에 떠나고 싶었던 여행도 하고 싶다. 늘 제대로 돌보아주지 못한 옥상과 계단, 뜰에 있는 꽃들이 있어 마음이 설렌다.

지인이 보내준 퇴임 선물, DVD의 고요하게 흐르는 〈트로이 메라이〉를 듣는다.

순천만 갈대숲

이른 아침 여름 바람이 상쾌하다.

오늘따라 날씨까지 우리들을 축복해주는 듯 간들바람(보드랍게 살랑살랑 부는 바람)이 분다.

지루하던 틀을 벗어나 지인들과 함께 하는 여름 나들이에 동참했다. 언젠가 꼭 한번 가보고 싶었던 곳, 설렘으로 가득하다. 목적지는 순천만 갈대숲이다.

지난 연말 텔레비전 화면이 겨울 철새로 가득했다. 난 언제 그곳에 가볼까. 마음으로만 간절히 그리던 순천만 갈대숲을 찾았다. 먼 수평선과 갯벌, 갈대숲이 어우러진 곳, 갯바람을 마음속까지 들이마시며 가벼운 발걸음을 옮긴다. 방부 목으로 조성된 인공 숲길은 자연과 사람의 기술이 더해져 운치 있는 산책로가 되었다. 그곳은 많은 관광 인파로 활기차다. 습지와 바다, 그리고 산책로를 누비는 원색 물결의 관광객, 장관을 이룬다.

오래전부터 텔레비전의 화면의 모습과 내 생각을 더해 나름대로 상상 속에 그림을 그려보았다. 운전을 하지 않아 혼자 대중교통을 이용하여 가기는 너무 번거로울 것 같았다. 남편에게 갈대밭 영상이 텔레비전 화면을 비출 때 지나가는 이야기처럼 한 것이 몇 번 되었다. 남편은 별 관심 없이 내 이야기를 들어 그때마다 속상했다. 오늘은 그렇게도 가고 싶었던 현장을 보고 있는 것이 아닌가. 바닷바람이 머리카락을 날릴 때마다 마음속까지 시원했다.

찻집에서 갈대밭을 바라본다. 갈대밭은 지난해 빛바랜 갈색빛 갈대와 지금 자라는 초록빛 갈대가 함께 있어 시간의 흐름을 제대로 느낄 수 있는 여건이 조성됐다. 초록빛과 빛바랜 갈색의 자연스러운 어울림은 나름대로 편안해 보였다. 그 갈대숲을 옆에서 제대로 바라보며 사색할 수 있는 기차는 마침 휴일이라 이용할 수 없어 아쉬웠다.

갯바람을 쏘이며 갈대밭을 산책하는 기분은 젊은 시절로 돌아간 느낌이다. 갯벌에 자라고 있는 갈대는 그 지역 사람들의 삶의 자원인

동시에 순천의 명물이었다. 그 갈대숲으로 인해 많은 관광객을 불러들이고 갯벌에 먹을 것이 있으니 겨울철새가 찾는 곳이 아니었던가. 초록의 바닷바람에 갈댓잎이 부딪치는 소리는 나그네인 내게 정겨움을 더해 준다.

갈대숲 사이로 보이는 갯벌에 크고 작은 구멍들이 진흙 위에 여러 곳이 보인다. 그곳을 드나들며 우리를 구경하는 짱뚱어와 농게, 방게들이 분주하게 움직인다. 산책길에서 좀 아래 있기에 손이 닿지 않는다. 한번 진흙에 손을 넣어 잡아보고 싶은 마음에 눈길이 머문다. 아마 사람 손이 닿으면 갯벌의 생물들이 어려움을 겪을 것 같아 좀 높게 만든 것이 아닌가 싶다.

순천만 갈대숲은 자연과 사람이 공존하는 유일한 세계적인 연안습지다. 갯벌, 갈대, 철새의 낙원으로 그곳에는 흑두루미 노랑부리저어새 등 220여 종의 철새들이 오가며 살고 있다. 방부목으로 조성된 숲길을 걸으며 잠시 생각에 잠긴다.

자연을 그대로 방치시키지 않고 가꾸어 하나의 관광 상품으로 작품을 만든 셈이다. 그곳 주민들은 관광객을 불러들이기 위해 얼마나 정성 들여 갈대숲을 열심히 가꾸었을까. 관광객들은 연신 감탄사다. 다른 사람을 즐겁게 하는 것은 늘 보이지 않는 곳에 희생하는 사람들이 있음을 의미한다. 빙산의 숨겨진 부분처럼 보이지 않는 세월에 땀과 노력이 많은 연륜을 쌓았으리라.

거의 같은 키로 자란 초록빛 갈대들이 여름 바람에 작은 초록 물결을 이룬다. 사각사각 감칠맛 나는 갈대의 속삭임과 함께 우리들의 이야기도 바람결에 실려 가는 것 같다. 방부목 난간에서 푸른 갯바람을 마음껏 마시며 먼 수평선을 바라본다.

친구의 텃밭

아스팔트에서 품어내는 열기가 날이 갈수록 더하다. 숨 막히는 더위는 대부분 실내에서 선풍기의 몫이다. 이런 날 발길을 자연 속으로 옮긴다. 한 번도 가보지 않은 곳, 궁금하다. 친구를 통해 말로만 듣던 곳, 그곳을 도시에서 시 외곽 푸르름 속으로 눈길을 옮겼다.

도심을 빠져나와 여름의 푸름 속으로 몸과 마음, 눈과 귀 모두를 초록 속에 던진다. 흐르는 땀을 초록 바람으로 씻고, 눈엔 초록 물결을 담고, 귀는 산새소리와 초록 바람으로 가득 채운다. 잠시만 도시를 벗어나도 이렇게 좋은 자연이 있는데 신이 주신 그 자연을 제대로 누리지 못하고 여유 없이 사는 삶이 답답하게 느껴진다.

도시를 벗어나자 푸른 하늘과 산이 모두 내 것이다. 금세 부자다. 보는 순간마다 마음이 풍요로우니 그 모든 것, 자연의 주인이 된다. 기분이 상쾌하다. 친구와 함께 연신 자연을 예찬하며 시골길을 따라가니 전원주택 부지를 닦아놓은 빈터들이 보인다. 뒤로는 소나무가 줄지어 병풍처럼 펼쳐지고, 넓은 하늘과 낮은 앞산이 눈앞에 편안히 안긴다.

그 집터, 친구가 몇 년 전에 준비한 전원주택지다. 990㎡가 좀 넘는 그곳엔 정년퇴직 후 두 부부가 틈틈이 일군 친환경 밭이 유아들의 어설픈 그림처럼 황톳빛 터에 펼쳐져 있다. 고구마, 들깨, 고추, 상추, 도라지, 더덕, 가지, 부추 볼수록 신기하다. 맑은 공기와 공해가 없음인지 푸성귀들이 모두 깨끗하다. 전혀 오염되지 않은 공기와 맑은 이슬을 맞으며 자란 것. 볼수록 정이 간다. 두 부부가 모두 교직에서 아이들과 생활하다 처음 시도해보는 자연과의 교감이란다. 채소 씨앗을 뿌려 나름대로 줄 맞추어 심었다. 도라지는 씨앗이 덜 나서 빈 곳이 보인다.

친구와 함께 정성 들여 가꾼 상추를 뜯으며 지난 시절을 돌아본다. 어린 시절 소꿉동무이기에 더 많은 이야기가 여름 하늘 아래 오순도순 오간다. 이렇게 노년에 접어들며 곁에 소통할 수 있는 친구가 있다는 것이 얼마나 행복한지. 상추 잎을 뜯을 때마다 우리 이야기는 겹겹이 쌓인다. 하얀 진액이 연둣빛 상추잎 끝에 서린다. 도시에서 자란 것보다 훨씬 더 진하다.

교실과 강의실에서 생활하던 일터가 텃밭으로 바뀌었다. 황톳빛 밭엔 아이들 대신 채소들이 자리를 잡았다. 아이들을 사랑하듯, 각 가지 채소에게 정성을 들여 가꾸고, 또 가꾼 것을 나눔을 통해 사랑을 전한다. 그 사랑은 도시의 각박한 생활 속에 활력을 준다.

친구는 한 가지라도 더 주려 이것저것 비닐봉지에 가득 담아준다. 씨앗을 뿌려 열매를 거둘 때까지 흘린 많은 땀과 노력이 싱싱한 채소에 보인다. 늘 그곳에 채소를 가꾸면 와서 가져가라던 것이 현실이 되었다. 상큼한 흙냄새 속에 싱싱하게 자란 채소들을 신나게 따고 뜯으며 평생을 농사일만 하셨던 부모님을 잠시 생각한다. 그때는 일손이 부족해 나도 여름이 되면 밭에서 풀을 많이 뽑았다. 주마등처럼 스쳐가는 유년의 기억. 세월이 흐르니 그것도 정이 간다.

하얀 비닐봉지에 담아준 푸성귀를 집으로 가져오니 부자가 된 것 같다. 친구와 함께 뜯은 쑥갓과 깻잎을 살짝 데쳐 쌈장에 무친다. 감칠맛이 일품이다. 친구의 사랑이 입안에 가득 담긴다. 정이 가득 담긴 맛난 나물 무침이다. 싱싱하게 자란 풋고추, 윤기 흐르는 연둣빛 담배

상추. 저녁상이 푸짐하다. 황토밭을 식탁으로 옮긴 것 같다.

더해지는 세월의 무게를 이렇게 자연과 함께 사는 것이 얼마나 건강한 삶인가. 몸으로 느끼는 한여름의 순간이었다. 친구와 도란도란 이야기를 나누며 채소를 뜯던 친구의 텃밭엔 다가올 가을을 기다리는 밀잠자리의 향연이 가득했다. 가끔 뻐꾹새 소리도 들리고.

둥지를 떠나며

지난주 40여 년 근무한 교직생활 퇴임인사를 했다.

여름 방학이 끝나고 8월 하순부터 원아들이 등원을 했다. 아이들에게 이임 인사를 하지 않고 말없이 마무리하고 싶었다. 주로 인사발령은 겨울 여름방학 말미에 있기에 아이들이 나오지 않아 거의 하지 않은 것으로 기억되었기 때문이다.

그러나 갑자기 원장이 바뀌면 원아들이 궁금할 것 같으니 이임 인사를 간단하게라도 하는 것이 좋을 것 같다는 직원의 권유를 받았다.

여름방학과제물 시상식을 마친 후 유희실은 나의 퇴임 소식에 분위기는 숙연해졌다. 유아들에게 설명하기 어려웠지만 나름대로 이해를 시켰다. 헤어짐에 대한 감정은 어른과 아이들이 똑같았다. 가장 어린 반도 말없이 앉아 있었다. 원생 대표가 나와 읽는 편지는 내 눈을 젖게 했다. 억지로 눈물을 참아 보았으나 소용이 없었다. 130명의 유아들이 보는 앞에서 어른인 나는 눈물을 흘리고 말았다. 그런 내게 아기천사들은 각반에서 고사리 손으로 쓰고 그린 그림편지와 천사들의 얼굴이 담긴 꽃 편지를 하나씩 안겨줬다. 그 선물을 받아들고 연신 흐르는 눈물을 닦으며 아기들을 포옹해 주었다.

조용하던 유희실에 아기들이 눈을 비비는 모습이 보였다. 큰 반 아이가 울음을 터뜨렸다. 여기저기서 흐느낌이 들렸다. 아기들과 길게는 3년 함께 지내서 정도 많이 들고 아기였던 천사들이 이제 의젓한 유치원생이 된 것이다. 나도 4년 반의 긴 세월을 한결같이 한 곳에 있었기에 끈끈한 정이 더 많이 든 것 같았다.

흐르는 눈물을 연신 닦으며 아기들을 한 명씩 품에 안아주었다. 그 헤어짐이 끝난 후 내 집무실에 와 마음을 추스르고 있었다. 보라반 아이들이 담임교사와 함께 여러 명이 몰려왔다. 그리고 내 주위에 빙 둘러서서 옷자락을 붙들고 계속 울었다, 담임교사도 울고, 나도 울고 아이들도 부둥켜안고 울었다. 담임은 아이들의 울음이 그치지 않아 나있는 곳으로 데리고 왔단다. 사람은 반드시 만나면 헤어진다는 회자 정리會者定離를 거스를 수는 없는 것 같다.

퇴임시 근무한 유치원 부임 시에는 원사 언덕 아래에 슬레이트집 두 채와 허물어져 가는 초가집 한 채가 있었다. 근무하는 동안 집들을 하나하나 철거한 후 말끔하게 정리되어 주차장과 놀이터가 있는 유치원으로 바뀌었다. 청주에서 가장 열악한 환경이라 사람들은 기피했지만 숲이 있는 그곳이 좋아 오랫동안 머물 수 있었다. 근무하는 동안 내 집처럼 편안했고 그곳에서 생활하는 유아들이 친손자 손녀처럼 사랑스러웠다.

가을을 기다리는 감나무, 교문 옆에 청초하게 피어있는 코스모스, 아기천사들과 꿈을 키우던 봄까치 언덕, 봄이면 노란 봄을 가득 담아준 개나리 물결, 봄바람에 떠밀려 내리던 꽃비, 모두 내 마음에 한 곳에 자리 잡고 이제 그만 헤어짐의 인사를 나누라 한다. 마지막 이별을 어떻게 감당해야 할까. 여러 마음이 들었다. 눈물이 나면 어떻게 하지.

며칠 전부터 그것이 마음에 가득해서 하루하루 지나가는 것이 실감나지 않았다. 그러나 막상 그날이 오니 감당하기 힘든 서글픔이 밀려와 많은 사람들이 이별을 하는 것처럼 나도 그렇게 눈물과 아쉬움을 마음에 가득 담고 긴 시간 드나들던 곳을 떠나왔다.

유치원의 둥지를 떠났지만 가정과는 새로운 만남의 시간이 시작되었다. 아기들의 빈자리엔 구피의 정겨운 모습과 석곡, 들꽃으로 가득 채운다.

구피 집

지난주 가을비가 내렸다. 느티나무와 은행나무가 앙상한 가지만 남기고 신작로 가장자리에 줄지어 서 있다. 인도를 곱게 덮었던 나뭇잎들은 모두 지고 나뭇가지 사이로 초겨울 하늘을 파랗게 드러낸다. 지난봄 이 길을 걸어 공예관으로 갈 때 연둣빛이었는데 어느덧 알몸이 된 모습이 안쓰럽다. 그 풍경 속에도 마음은 온통 구피 집 생각뿐이다.

토요일마다 공예관으로 향하던 발걸음도 추워지니 한결 빨라진다. 직장생활에 분주하여 시간을 낼 수 없었던 것을 봄부터 시민 아카데미 도예교실에 등록하여 흙을 빚으며 시간을 보낸다. 흙으로 사물을 만들어 보았던 것은 초등학교 때이다. 미술시간에 찰흙 준비가 있는 날에는 마을 근처 무너져 내린 산비탈에 흙 틈새에 길게 쌓여있던 찰흙을 채취해 수업시간에 사용했다. 그런 경험뿐이 없는 내겐 흙은 호기심의 대상이었다. 손으로 만지면 감촉도 좋고 빚고 싶은 것도 마음대로 빚을 수 있으니 매력이 있지 않은가. 지금은 흙도 작업하기에 알맞게 나와서 참 편리해졌다.

나는 주말반 7명의 구성원이 됐다. 그곳엔 거의 고급반이고 나와 지인 한 사람만 초급반이다. 처음 접하는 과목이라 선생님의 지도하는 대로 따라 하기도 바빴다. 그래도 벌써 몇 달이 지나니 작은 소품들 몇 개가 생겼다. 보기에 서툰 솜씨가 역력하다.

며칠 전에는 지난번에 만든 컵을 막내가 집에 들렀을 때 주었다. 백자 유를 칠한 하얀 컵과 청자 유를 칠한 청색 컵 2개를 모두 주었다. 나름대로 작은 내 도장이 찍힌 것으로 마실 때마다 나를 생각하라는 엄마표 머그잔을 선물한 셈이다.

한 번은 구피를 키워보려 구피 집을 만들었다. 그날따라 집에 일이 있어 급히 자기를 빚었다. 그 후 작업실에 가보니 지도 선생님 책상 앞에 내가 만든 그릇이 놓여있다. 한창 기대를 하고 왔는데 초벌구이에서 문제가 생겼다고 말씀했다. 겉은 아무 흠도 보이지 않았다. 선생님은 그릇을 거꾸로 들어 보이더니 실금 간 곳을 지적했다.

내 정성이 가득 담긴 그릇을 선생님께선 미련도 없이 책상에 한 번 치셨다. 금이 간 곳이 깨졌다. 자세히 보니 접착 부분이 제대로 되지 않았다. 그곳은 칫솔로 물을 묻힌 후 흙에 바르고 붙여야 하는 것을 급히 하다 빠뜨린 부분이었다. 겉으로는 아무 표시 없던 그릇이 그렇게 정확하게 실수를 확인해 주었다. 기대를 걸고 내가 만든 작품 중에 가장 큰 것이었는데 마음 한 곳이 서운했다. 나의 실수였지만 속상했다.

작품을 만들면 맨 처음 비닐로 씌워 일주일을 둔다. 그다음엔 비닐을 벗긴 후 발도 달고 무늬도 꾸민다. 그렇게 해서 다시 일주일을 건조한 후 초벌로 들어간다. 그리고 1주일 후 파손되지 않았으면 유약을 선택하여 바르고 건조 후 다시 재벌구이를 통해 작품이 완성된다. 거의 한 달 정도 걸린다.

구피 집은 21일 만에 그 기다림이 물거품이 된 것이다. 구피 집은 망가졌지만 배운 것을 정확하게 적용하지 못한 실수를 다시는 하지 않으리라 다짐한다. 흙과 흙을 이어주는 것이 물이라는 것이 신기할 따름이다. 종이와 종이를 풀로 붙이는 것처럼 흙과 흙은 수분을 통하여 접착시킨다. 흙을 통해 다시 한번 삶을 돌아보는 계기가 되었다.

정情

퇴임이 가까워 오며 회식 약속이 잦다.

지난 시간 함께 생활했던 동료들이 정년퇴직을 앞두고 모이는 것이라 나로서는 아주 고맙고 감사한 마음이 든다. 그냥 지나쳐 버려도 그만일 텐데…. 내가 근무했던 곳마다 삼삼오오 짝을 이루어 찾아와 함께 보내는 시간이 분주하게 지나간다.

이제 교단을 떠나는 나에게 옛정을 나누고 싶어 하는 순수한 마음들이 나를 아리게 한다. 함께 근무하며 행사 준비나 어려움이 있을 때 한마음으로 기쁨과 슬픔을 나누며 지냈기에 더 많은 정이 애틋하게 묻어나는 것 같다. 세월이 많이 지났어도 마음은 처음처럼 변함이 없다. 함께 모인 자리에 피어나는 웃음꽃은 순결한 백합처럼 고운 향기를 전하고 있다.

오래전에 함께 했던 얼굴들을 서로 바라보며 정을 나눔은 말로는 꼭 집어 표현할 수 없는 따뜻한 마음이 오간다. 그래서 서로의 마음 한 곳에 남아있던 이야기들이 작은 공간을 밝은 웃음으로 가득 채운다. 사람들끼리 살아가며 차곡차곡 쌓인 모든 정들은 세월이 지나도 사라지지 않았음을 다시 생각하게 된다.

발령을 받고 여러 곳을 다녔다. 가는 곳마다 그 일터를 내 집처럼 생각하며 지냈다. 그렇게 살다 보니 동료들이 내 가족이고 내 삶의 일부분이었다. 그들의 마음 하나하나를 헤아리며 그들의 편에 서서 함께 생활하며 지내온 세월이었다. 그래서 이순을 넘은 나이에 나를 찾아주는 동료는 초임 때의 처녀시절을 생각나게 했다.

처음으로 발령받고 초임지에 부임할 때 부모님은 이부자리와 가재도구를 챙겨 내 객지 살림을 준비하여 발령지까지 동행했다. 맏딸을 객지로 내보내시는 마음이 얼마나 불안하셨으면 부임지까지 함께 오셨을까. 아마 그것이 부모님이 딸에게 주신 정이며 사랑이었나 보다.

초임지 6월의 초여름 밤은 달이 유난히 밝았다. 학교에서 안내해 주는 곳, 부모님과 함께 여장을 푼 곳은 학교 기사의 사랑방이었다.

하늘의 달은 휘영청 밝은데 밤이 이슥하도록 잠은 오지 않았다. 문창호지에 비치는 여름밤의 달빛을 바라보며 뒤척이다 날이 밝았다. 이른 아침 어머니가 석유곤로에 해 주신 밥은 모래알 같았다. 밥을 씹는 것이 모래알 같다는 말을 처음으로 실감했다. 그날 아침 제천행 버스에 부모님을 배웅하고 혼자 남은 난 학교까지 터덜터덜 걸어오면서 눈 주위를 적셨다. 그렇게 시작한 교직 생활이 벌써 40년 가까운 세월이 훌쩍 가버렸다.

며칠 전에 아침 인사차 동료가 사무실에 들렀다. 짐 정리를 하느라 널브러진 모습을 보며 눈물이 나올 것 같아 얼른 나가야겠다는 동료의 얘기에 나 또한 눈물이 핑 돌았다. 헤어져야 한다는 현실이 안타깝기 때문이다. 퇴근하면 집으로 곧장 가던 발걸음도 요즈음은 모처럼 찻집에 들러 여유도 가져본다. 일주일 후면 나는 그들과 이별해야 할 수밖에 없기에.

아직 실감은 나지 않지만, 함께 근무했던 동료들과 만나기로 한 약속시간에 따라 몸은 움직이지만, 갑자기 퇴임 후를 생각하면 착잡한 마음이 드는 것 또한 어쩔 수 없는가 보다

이제 어머니의 애틋했던 사랑도, 동료의 따스한 정도 삶의 한 곳을 채우고 아쉬움 가운데 내게 주어진 새로운 길로 옮길 때가 되었다.

서툰 발걸음을 한발 한발 떼며 또 다른 삶의 한 곳으로 여유 있게 눈길을 돌려본다.

네 잎 클로버의 여행

프라하 공항에서 아홉 시간의 비행기 탑승 후 인천 공항에 도착했다. 달이 바뀌었다. 3월 중순이 지나 출국 후 10일 이 지난 셈이다. 동유럽 5개국을 돌아보며 나름대로 분주했지만 마음은 편안했다. 주부들이라 때 되면 걱정하던 식사시간이 준비된 밥상과 뷔페가 힘든 생활을 잠시 벗어나게 했다. 모처럼 남편들도 동행하여 조심스러웠으나 즐겁고 끈끈한 우정으로 이어진 여행이었다.

청주행 버스에 오른다. 차창 밖 산천엔 봄이 한창이다. 수채화처럼 곱게 보인다. 고향의 어머니 품처럼 정겨움이 가득 묻어나는 분홍 진달래꽃. 마음으로 밀려드는 설렘에 숨이 막힌다.

아직도 꿈은 그곳에 남아있는 걸까. 출국할 땐 봉오리만 조금 부풀었던 꽃들이 활짝 피어 눈 안에 가득 담긴다. 분홍 진달래, 노란 개나리, 자줏빛 목련, 봄바람에 하늘거리며 움 트는 수양버들. 4월의 풍경은 마치 생명이 약동하는 말 없는 숲 같다. 잎이 없는 가지에 모두 다른 새순이 4월과 함께 피어나는 모습이 경이롭다.

신은 이렇게 나무와 풀에게도 생명을 불어넣으시고 우리 사람에게 다스리도록 권리를 주셨다. 얼마나 아름다운가. 몸은 피로하지만 며칠 만에 온 누리에 가득한 4월은 생명의 등불을 켜든 것처럼 밝고 깨끗하며 산뜻하다.

대문을 연다. 노랗던 수선화는 벌써 지고 히아신스가 곱게 피었다. 보이지도 않았던 앵초도 어느덧 싹을 틔우고 꽃봉오리를 맺었다. 꽃밭은 초록빛으로 봄을 펼치고 보랏빛 빈카마이너는 신비로운 자태를 더욱 뽐내고 있다. 여행에서 돌아온 나를 반갑게 맞이하는 것처럼.

동유럽 주택 주변은 아주 작은 공간에도 몇 포기의 꽃을 심는다. 보는 사람도 마음이 평안한데 심는 마음은 어떨까. 가장 많이 보았던 꽃이 수선화이다. 그 모습에서 그들은 마음의 여유가 있다는 것이 은연중 생활에 배어났다. 초등학교 다닐 때 알뿌리 화초로 수선화, 튤립, 히아신스를 자연책에서 본 것이 어렴풋이 생각난다. 당시 우리나라에

선 볼 수 없는 꽃 들이었다. 그림으로 그려놓은 꽃이라고 생각했다. 그러나 지금은 글로벌 시대가 되면서 세계는 하나가 되었다. 꽃도 이젠 나라마다 비슷하고 향토적인 특색이 서서히 사라져가고 있다.

여행지는 5개국이었으나 건축물이 비슷하고 왕궁이 있는 곳엔 반드시 성당, 광장이 있었다. 정원은 안정감이 있는 불란서식 정원으로 계절에 따라 피는 꽃을 바꾸어가며 심는다고 한다. 거리에는 젊은 악사부터 노악사까지 클래식의 선율이 이어지고 여행객의 발길을 멈추게 했다. 기타 연주를 하는 노악사 옆에서 친구가 사진을 담아 주었다. 지나쳐오다 보니 동전을 넣는 작은 통이 보였다. 그곳을 무심히 지나온 자신이 부끄러워 아직도 아쉬움이 남는다. 작은 마음이라도 표시하지 못 했던 것을.

어린 시절 한 반 친구 넷은 긴 세월을 교단과 가정생활을 함께하며 무사히 보냈다. 그리고 명예로운 정년을 마무리한 후의 기념 여행이었기에 더 의미가 깊었다. 퇴직하면 한번 남편들과 함께 가자고 일정기간 모은 경비였다. 그것이 현실로 이루어지면서 또 한 편의 삶의 흔적을 남겼다.

우린 모두 화려한 백수가 되었다. 하지만 친구들(네 잎 클로버)과 함께했던 시간들은 고운 추억으로 내 마음에 선명히 남는다. 볼프강

호수에서 바라보던 이국 경치, 미라벨 정원, 쉘브른궁전, 아우슈비츠 수용소, 비엘리치카 소금광산, 다뉴브 강 클루즈를 타고 감상하던 부타 페스트의 밤 풍경은 단순한 조명과 하늘의 달과 별, 우리의 우정이 하나 된 한 폭의 그림이었다.

삼계탕

초복이었다. 지난주 여학교 때 친구로부터 카톡을 받고 약속한 날이다. 부지런히 도자 작업하던 도구들을 정리하고 지하실을 나왔다. 예술의 전당 후문에 승용차를 주차하여 깜빡이를 넣고 있는 곳으로 길을 건넌다. 승용차에 앉자 친구의 밝은 얼굴이 가라앉은 내 마음을 모두 몰아낸다. 재잘재잘 우리 이야기는 시작되었다.

2년 전 퇴직할 때부터 만나 밥 한번 먹자고 한 것이 서로가 시간이 맞지 않아 오늘에 이르렀다. 친구는 오후에 학원 수강생 강의가 있는데 나를 위해 틈새의 시간을 냈다. 세월이 지나 날씬했던 우리들은 여기저기 군살이 붙어 중년을 훨씬 넘어 노년의 대열에 서서히 들어서고 있다. 눈 밑의 잔잔한 주름도 시간 속의 흔적으로 곱게 남았다. 그렇지만 마음은 그때 그 시절로 돌아가 탄력을 받는다.

우린 여학교 시절부터 있었던 청주시청 주변에 있는 삼계탕 집으로 향했다. 보슬비가 곱게 내린다. 우산을 받쳐 들고 부지런히 발길을 옮긴다. 복날이라 그런지 장날처럼 많은 사람들이 북적인다. 두 사람이 앉을 자리는 눈을 씻고 봐도 보이지 않는다. 다행히 예약된 자리 벽 쪽으로 두 자리가 나서 주인이 안내한다. 바로 삼계탕을 먹는 호사를 누릴 수 있었다.

친구와 함께 오랜만에 먹는 점심은 감칠맛이 제법 난다. 뽀얗고 연한 닭살을 찢어 소금에 찍어 먹는다. 삼계탕의 뱃속에서 파낸 찹쌀밥을 떠먹으며 옛날을 떠올린다. 따끈한 국물 속에 녹아있는 지난날들. 생각해보니 아련하다.

소녀 시절 유난히 땀을 많이 흘려 더위를 탔다. 여름철 아침 시골의 등굣길은 손수건을 짜면서 다녔다. 그렇게 50분 남짓하게 부지런히 걷다 보면 교복의 등이 다 젖는다. 땀이 많이 나서 학교에 도착하면 힘이 쭉 빠졌다. 이렇게 여름을 나는 것이 어린 나이였지만 참고되었다.

어머니는 여름이면 닭을 사다 삼계탕을 끓여 주셨다. 닭의 뱃속에는 마늘과 찹쌀, 그리고 가끔 대추도 넣으셨다. 양은 솥에서 요리가

다 되면 구수한 내음이 시골의 울안에 가득하다. 어머니의 사랑이 가득 담긴 삼계탕의 구수한 내음은 코를 자극한다.

우리들은 두레반 상에 어머니께서 요리해주신 닭을 가운데 두고 닭다리 하나씩을 들고 소금을 찍어 먹는다. 이마엔 땀이 철철 흐른다. 서로 더 먹으려 닭 그릇으로 손이 자주 드나들던 기억도 생생하다. 그렇게 어머니는 자식들의 건강을 챙기셨다.

내가 우리 아이를 키울 때다. 그땐 마켓에서 삼계탕 할 수 있게 준비된 닭을 사다 물만 부으면 되는 것으로 몇 번 해 준 기억만 어렴풋이 난다.

삼계탕을 먹으며 가족 생각이 간절하다. 아이들 다 출타하고 어른만 남은 적적한 집에 오늘 같은 날 한번 끓여도 되련만 이젠 힘겨운 생각이 먼저 든다. 나만 이렇게 맛있게 먹는 것이 조금은 마음이 쓰인다.

친구는 이런 나를 위해 우리 친정엄마처럼 복날을 택해 세심하게 배려해주었다. 그 마음이 얼마나 감사한지. 모두 자신 위주로 변해가는 세상에 고마울 뿐이다. 눈가가 촉촉해진다. 여러 사람들에게 베풀기를 즐겨 하는 친구가 있다는 것이 내겐 얼마나 소중한 것인지.

식사 후 분위기가 편안한 찻집에서 그동안 사는 이야기를 나누었다. 나보다 아주 오래전 퇴직을 한 그녀는 퇴직한 친구들에게 식사를 함께 나누었단다. 그게 어디 생각대로 쉽단 말인가. 남을 배려한다는 것이 쉽지 않은데.

삼계탕 속에 녹아있던 친구의 사랑은 오래오래 잊지 않으리라.

별을 보며

저녁 바람이 시원하다.

숙소의 베란다에서 가깝게 바라보이는 해변에 작은 파도가 밀려온다. 하얀 물보라와 함께 밀려왔다 스러지고 바다는 속삭이며 여행객의 마음에 자리 잡는다. 눈을 들어 어둠이 내리는 밤하늘을 바라보니 별이 하나둘 돋아나기 시작한다.

모처럼 막내와 남편 셋이 가족여행을 하게 되었다. 그 아이 초등학교 5학년 때 한번 가족이 함께 바닷가에 가서 2박 3일 야영한 것뿐, 별로 없었던 것 같다. 그러니 퍽 오랜만의 시간을 갖게 되었다. 다 커버린 막내가 이젠 우리 내외의 보호자가 되었다.

차를 렌트하여 작은 섬 '괌' 주변을 한 바퀴 돌았다. 때 묻지 않은 자연이 있는 곳이기에 마음은 날아갈 듯 가벼웠다. 자연 그대로의 원시림을 보니 생활에 젖은 피로들이 초록 속에 씻겨나간다. 하얀 백사장은 비췻빛 바닷물로 바닥이 다 드러나 보인다. 명경지수가 따로없다. 산호와 물고기, 그와 더불어 사람까지 하나가 되어 이국의 정취를 즐긴다. 백사장의 모래가 우리나라 해변의 갈색빛 모래와는 많이 달랐다. 거의 흰색에 가깝게 보였다. 하얀 모래는 아기의 속살처럼 곱고 깨끗했다. 발바닥에 밟히는 고운 모래의 촉감도 아주 부드러웠다.

그 반대편으로 서글픈 전설을 지닌 '연인의 언덕'이 가깝게 보였다. 그 전설은, 스페인 장교가 이곳에서 근무할 때 원주민 여인을 사랑하게 되었단다. 그 여인은 이 마을 총각과 정혼한 사이여서 그를 가까이 할 수 없게 되자 둘은 서로 끈을 묶고 절벽 아래 바다로 떨어져 생을 마감했다는 이야기다. 그런 생각을 하며 어둠이 내린 그 언덕도 바라보았다.

숙소에 있는 의자를 베란다로 들어냈다. 넉넉한 마음으로 앉아 하늘을 보기 위해서였다. 아주 감미로운 바람과 함께 밤하늘의 별이 반짝인다. 우리 집 옥상에서 보던 별이 남태평양 한 섬의 하늘에 떠 있다. 아주 가깝게 보이는 것이 신기하다. 그리고 자잘한 별까지 반짝이는 모습이 마치 별 밭 같다. 한참을 호텔 베란다에 앉아서 바라보니 고향에 온 것 같다.

별이 내 고향과 다른 것은 아주 맑아 초롱초롱 빛나는 것이다. 마치 보석처럼 영롱하게 반짝이고 있었다. 도시에서 하늘을 바라보는 여유가 별로 없어 집을 떠나게 되면 습관처럼 밤하늘을 바라본다. 가깝게 떠있는 별, 손으로 잡고 싶다. 무엇인가 그 속에 가득 담긴 것 같은 마음이 든다. 언제부터였는지 알 수 없지만 별을 바라보면 마음이 평안해진다. 어릴 때 할머니와 누워 하늘을 바라보며 듣던 구수한 이야기 때문인지. 별에 대한 애착이 남달라 별 이야기가 내겐 자주 등장하는 것 같다.

여행을 할 때는 왜 하늘을 바라보는지 이젠 습관처럼 되었다. 내가 가는 곳에 있는 하늘은 모두 공평하게 세상을 비춰준다. 밤이 되면 어김없이 반짝이며 사람이 사는 곳을 비춰주고 해가 뜨면 살며시 숨는다. 빈부귀천, 남녀노소 차별하지 않는다. 캄캄한 어두운 밤에만 하늘에 떠서 세상을 밝혀주니 얼마나 고마운 것인가. 마치 어머니의 넓고 인자하신 품안 같다.

별을 보며 함께 온 막내의 어린 시절을 회상한다. 잠투정이 심해 30분씩 울어서 자장가부터 시작해 많은 노래를 불러 재웠다. 이제 다 자라 효도한다고 우리 내외와 함께 자신의 여행 피곤도 가시지 않았는데 금세 부모를 배려해 준 것이 마음을 아리게 한다. 밤하늘의 별을 볼 때마다 막내와 보낸 시간들이 반짝반짝 살아나겠지.

둥지를 떠난 콩새

골목은 이른 아침부터 재잘대는 새소리로 활기가 돈다. 도심 골목길이지만 집집마다 작은 나무가 있어 가끔 새소리를 듣는다. 내가 바라던 콩새와의 동거가 3주간 지속되었다. 우리 집에 둥지를 틀고 그 바람이 다 이루어져 갈 때 콩새는 둥지를 떠났다. 그동안 마음은 햇솜 같았다.

아침 산책을 마친 후 집에 도착하여 대문을 연다. 웬일일까?

눈앞에 작은 새들이 여러 마리가 푸드득거리며 날갯짓을 한다. 주목과 단풍나무에서 보도블록에 내려앉고 어떤 것은 옆집 시멘트 담을 넘다 떨어진다. 이 모습을 본 어미 새는 새끼를 따라 마당에도 있다가

전깃줄에, 그리고 나무에도 앉는다. 잠시 그렇게 실랑이가 벌어졌다. 조용한 집안이 새소리로 어수선하다. 둥지엔 마지막 남은 아기 새 한 마리가 신발장 위에서 바라보며 짹짹인다. 겁쟁이 같다. 몇 분 후엔 그 아기 새도 둥지를 마지막으로 떠났다.

긴 시간은 아니지만 3주 정도 우리 집에 함께 살아 정이 들었다. 여섯 마리의 새끼들은 다 어디로 날아갔는지. 가끔 어미새만 뜰 옆 전깃줄에 앉아 연거푸 새끼를 찾는다. 그러나 아무 대답이 없다. 어제까지도 짹짹거리며 부지런히 물어오는 어미 새의 먹이를 받아먹었다. 지금은 독립할 때가 됐는지 아침에 한바탕 그렇게 난리가 난 것이다. 어미 새는 얼마나 허탈할까. 그 까맣고 작은 눈망울이 슬픔과 두려움으로 가득 차 보여 애처롭다. 며칠 전에 막내가 와서 어렵게 촬영한 둥지 안에 옹기종기 모여 있는 아기 새가 제법 많이 자랐다. 여섯 마리가 살기 비좁을 거라 생각되었다.

나는 새와 함께 잠시 지내며 우리의 삶과 닮은 모습을 본다. 여섯 마리를 힘겹게 기르는 부지런한 어미새 부부, 새끼에 대한 지극한 사랑을 은연중 보았다. 날이 좋은 날은 그래도 괜찮았다. 어제 같은 경우는 달랐다. 저녁 무렵 비바람이 마구 부는 것도 개의치 않는다. 비를 맞으며 어둠이 막 내리는데 먹이를 물고 대문에 앉자 나를 몇 번 바라본다. 곧 둥지로 가 짹짹거리는 새끼들에게 먹이를 먹인다.

은연중에 부모님 생각에 젖는다. 우리 부모님도 삼 남매 수업료 마련을 위해 시골인 산남동에서 육거리시장까지 십 리도 넘는 길을 채소 광주리를 이고 다니셨다. 여름이면 이마에서 흐르는 땀이 눈을 적셨고, 겨울이면 칼바람을 맞으며 시장을 오가셨다. 작은 푼돈을 모아 우리 삼 남매의 뒷바라지를 묵묵히 하셨다. 그 은혜로 난 이렇게 노후를 평안히 지낸다. 어미새의 모습을 보며 이런 생각에 젖었다. 지금은 내 곁에 계시 지도 않는데.

그날 어미 새가 하루 종일 우리 집 근처에 와서 운다. 오후에 앞집 매실나무에서 아기 새의 소리가 들린다. 뜰에서 바라본다. 두 마리가 매실나무 가지에 잘 보이지 않는 곳에 앉아있다. 그렇게 어미새가 찾더니 저녁 무렵에 겨우 찾은 것이다. 어미새의 입엔 아직도 먹이가 물려 있다. 우리네가 결혼한 자식들 뒷바라지를 하는 것처럼.

둥지에서 짹짹거리는 소리가 점점 크게 들리던 날 좀 지나면 떠날 거라 생각했다. 그래도 서운한 마음은 감출 수가 없다. 어제까지만 해도 신기하게 바라보던 둥지 있는 곳에 적막이 흐른다. 그렇게 열심히 둥지를 찾던 콩새도 왕래가 뚝 끊겼다. 남편과 나의 맘도 허전하다. 바라봐도 높아 둥지는 보이지 않는다. 아이들 드나들던 빈자리를 새들이 채워주었는데… 콩새 부부도 내 마음 같겠지. 막둥이 콩새가 둥지를 떠나기 전 찍은 사진을 스마트폰을 열고 들여다본다.

석곡과 살며

며칠 전에 갑자기 추워졌다. 이에 대비해 4월부터 밖에 자라던 석곡을 2층 주방으로 들여놓았다. 석곡이 머물렀던 자리마다 누렇게 단풍 든 길쭉길쭉한 잎사귀가 떨어져 널브러진다. 한 해가 또 저물어 가고 있음을 본다. 주머니에 있는 '카톡' 소리에 손 전화를 연다. 그곳엔 친구가 보낸 석곡 '만추'의 꽃 핀 모습이 담겨있다. 두 송이가 하얗게 피었다. 3년 전에 내게서 친구에게 보낸 것인데 그동안 잘 자라서 제 할 일을 해냈다. 참 대견하고 반가웠다.

석곡과 함께 지내니 가는 세월만큼 석곡도 새 촉을 많이 늘리고 포기도 튼실해진다. 적당히 햇빛을 보며 키워 키도 알맞게 자라 보기에도 흐뭇하다. 봄부터 물만 주었지 제대로 돌보지 않아 그 모습들이 부모 없는 아이들처럼 주인의 손길이 필요하다.

일단 바구니에 담아 2층 주방 공간에 들였다. 들이고 보니 정리되지 않은 모습들이 마치 이사 와서 짐을 푼 그 모습 같다. 싸늘한 공간에서 석곡을 한 번씩 진단하기 어렵다. 그렇다고 불을 넣을 상황은 되지 않고. 바구니에 담긴 석곡을 따뜻한 아래층으로 가져와 내 손길을 거쳐 처방한다. 죽은 가지는 잘라주고 썩은 줄기는 뽑아 버린다. 그리고 하얀 알갱이 거름도 준다. 또한 고아는 한 곳에 모아 살림을 낸다.

석곡을 자세히 관찰하면 3대가 한 곳에 함께 산다. 석곡의 꽃이 지고 나면 반드시 옆에 신아가 생긴다. 신아가 일 년 동안 자라면 모주가 된다. 꽃이 피었던 어미는 멀뚱한 줄기를 지키며 신아를 키운다. 이듬해 신아는 모주에 붙어살며 어미가 되어 꽃을 피운다. 모주는 천천히 말라가며 손녀를 보게 된다. 그런 후엔 생을 마감한다. 사람도 나이가 들면 서서히 생을 마감하는 것처럼. 이런 순환 과정을 통해 포기수를 늘리고 시간의 연륜을 쌓아간다.

때로는 석곡의 줄기에서 꽃이 피지 않고 싹이 자라는 경우가 있다. 이때는 뿌리의 상태가 좋지 않아 꽃 피는 것을 건너뛴다. 죽기 전에 종족을 이어가기 위해 싹을 틔우려는 생존의 본능이 그곳에서도 나타난다. 식물들도 이렇게 삶을 통해 생성과 소멸이 사람처럼 이루어진다.

친구가 보내준 카톡을 보며 만감이 교차한다. 꽃 식물은 키워 꽃을 보는 것이 최종의 목표다. 열심히 키워도 꽃이 피지 않으면 아무런 가치가 없다. 부모들은 자식 결혼시켜 손주를 보는 것을 낙으로 삼고 있는 것이 아닌가. 이런 것들을 생각하며 내가 결혼하여 쌍둥이를 낳았을 때 부모님은 얼마나 기뻐했을까. 대화도 안되는 식물이 지인에게 가서 잘 자라 꽃소식을 전하는 것, 그것도 기쁜데.

지난봄 분갈이할 때 살림 낸 고아들이 제법 잘 자랐다. 아주 작은 포트의 수태에서 키운다. 석곡을 사랑하는 사람들에게 나누어 주는 것이 얼마나 좋은지. 경험하지 않은 사람들은 모를 일이다. 이렇게 서로 나눔은 웃음을 불러오고 넉넉함 속에 마음의 평강을 갖게 한다. 또한 석곡으로 맺은 인연들은 시간이 지나도 꽃 속에서 그 사람을 그리며 생활하기에 마음이 넉넉해진다.

간간이 전해오는 석곡 소식. 나는 근무지를 마무리하고 떠나왔지만 그곳에 남은 정은 오래도록 그들의 마음에 남아 한 송이 향기 나는 꽃으로 피리라.

석곡과 살며 삶의 과정을 연출하고 서로의 나눔 속에 살아있음에 감사를 드린다. 한 해 동안 잘 자란 석곡의 고아들이 나눔의 손길을 기다린다.

구두 닦는 청년

지난 주말 서울에 사는 지인의 결혼예식에 참석했다. 개인 용무를 모두 뒤로하고 모처럼 휴일을 반납한 셈이다. 남편의 출석 수업으로 내가 대신 참석했다. 몇 년 전 우리 둘째 결혼식 때는 지인의 부부가 참석하였기에 우리도 함께 가야 하는데 사정이 여의치 않아 혼자 참석하게 되어 아쉬웠다.

결혼식을 모두 마치고 하객들이 예식장 앞 나무그늘에 쉬고 있었다. 그 옆 버스 정거장 옆에 결혼식 하객으로 보이는 나이가 좀 든 한 남자가 구두를 맡기고 슬리퍼를 신고 기다리고 있다. 난 다리가 아파 예식장 외부의 난간에 앉아 구두닦이 하는 사람을 묵묵히 바라보았다. 맨 손으로 구두약을 묻혀 구두에 발라 정성 들여 문지르고 이어 보드라운 헝겊으로 윤을 내기 시작했다. 그다음엔 노란 병에서 따른 액체를 헝겊에 묻혀 바르고 닦는다. 구두가 반짝반짝 윤이 났다. 물끄러미 그 모습을 바라보다 나도 맡기고 싶은 마음이 생겼다. 바로 난간에서 내려와 내 검은 구두를 벗었다. 고무 한쪽이 닳아 수선을 의뢰했다. 3,000원이라고 했다.

사실 지난번 대리점에 맡겼을 때는 5,000원을 받았다. 시간도 오래 걸려 일주일이나 되었다. 참 저렴했다. 그 청년은 구두 굽의 끝 고무를 떼어내고 새것으로 교체했다. 그리고 내 구두를 조금 전처럼 그렇게 정성 들여 닦았다. 먼지가 묻었던 구두가 말끔해졌다. 새 구두보다 더 반짝반짝 윤이 났다.

그러면서 그 청년은 "구두가 길이 잘 들어 윤이 잘 난다."라고 했다. 여자구두는 잘 닦지 않기 때문에 윤이 잘 안 나는데 내 구두는 평소에 많이 닦았는지 윤이 잘 난다고 거듭 이야기를 했다. 그렇게 말하는 그 청년의 이마에 땀이 송골송골 맺혔다. 가끔 그 땀이 열심히 구두 닦는 동안 얼굴로 흘러내리기도 했다.

깨끗해진 구두를 신자 즉시 기분이 개운했다. 그 구두를 보며 나의 삶을 바라본다. 살아가며 얼마나 많은 삶의 부분에 마음은 때가 묻고 맑은 두 눈은 흐려졌던가? 순수한 마음을 저 산 너머에 맡겨 둔 채 힘겹게 살아가지는 않았는지. 그 순수한 청년의 맑은 모습에 은근히 마음이 쓰였다.

구두를 닦듯이 찌든 때를 한 겹 한 겹 벗겨 내고 그렇게 살고픈 마음이 인다. 주어진 삶에 만족하며, 조금 부족한 것들은 더 못한 것을 생각하며 눈과 마음을 크고 넓게 가져보리라.

구두 닦는 청년은 가진 것이라곤 플라스틱 상자와 구두약 몇 가지, 헝겊, 그리고 작은 오토바이뿐이었다. 그러나 그 얼굴에 미소가 가득했다. 다른 사람이 꺼리는 일을 하며 웃음이 가득한 얼굴, 그 넉넉한 마음이 아침 햇빛처럼 빛이 난다. 그 보다 많이 가진 내가 그런 미소를 짓지 못하는 것이 부끄러웠다. 요즈음 직업을 갖지 못해 헤매는 젊은이들이 얼마나 많은가. 이럴 때 내겐 그 청년의 구두 닦는 일이 신선하게 다가왔다.

예식 손님들이 어느 정도 귀가하자 그 청년은 차분하게 도구들을 정리하여 플라스틱 통에 담아 오토바이에 싣고 분주하게 한강 대교를 향해 출발하고 있었다. 반짝반짝 빛나는 구두를 신고 가벼운 마음으로 귀가했다. 온종일 힘든 일과였지만 한 겹 허물을 벗은 느낌이었다. 개운했다.

이효순 수필집

거꾸로 자라는 양배추

인쇄 2016년 8월 24일
발행 2016년 8월 31일

지은이 이효순
발행인 서정환
펴낸곳 수필과비평사
주소 서울시 종로구 삼일대로 32길 36(익선동 30-6 운현신화타워 빌딩) 305호
전화 (02) 3675-3885, (063) 275-4000 · 0484
팩스 (063) 274-3131
이메일 sina321@hanmail.net essay321@hanmail.net
출판등록 제300-2013-133호
인쇄 · 제본 신아출판사

ISBN 979-11-5933-043-8 03810
값 13,000원

이 도서의 국립중앙도서관 출판예정도서목록(CIP)은 서지정보유통지원시스템 홈페이지(http://seoji.nl.go.kr)와 국가자료공동목록시스템(http://www.nl.go.kr/kolisnet)에서 이용하실 수 있습니다.(CIP제어번호: CIP2016020760)

Printed in KOREA

이 책은 충청북도 문화예술 진흥기금 일부를 지원받아 발간했습니다.